INHALT

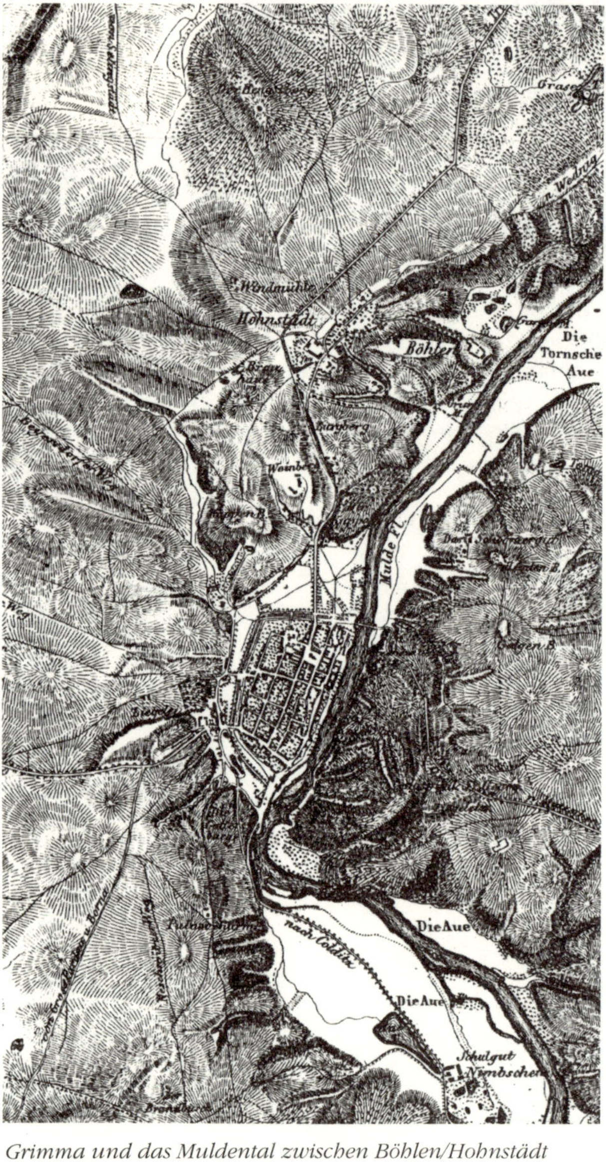

Grimma und das Muldental zwischen Böhlen/Hohnstädt und Nimbschen, Flurkarte aus der Mitte des 19. Jahrhunderts

»Im Thale, wo die Mulde fließt, da steht ein Städtchen fein ...«

So pries vor 150 Jahren der Schriftsteller Ferdinand Stolle seine neue Wahlheimat, als er von Leipzig nach Grimma gewechselt hatte. Und in seinem Roman »Die deutschen Pickwickier« sind anschaulich wie höchst vergnüglich in Stadtbild und Akteuren des fiktiven NEUKIRCHEN an der WERLA Grimmas provinzielle Züge dieser Zeit zu erkennen. Da heißt es im »Ersten Kapitel. Lage und Umgebung des Städtchens, woselbst die Pickwickier seßhaft«:

»Denke Dir, mein Leser, ein anmuthiges Thal, in ländlicher Stille gelegen, rings im Umkreise einer Stunde von dunkelgrünen Waldbergen umgeben, die korn- und obstreiche Thalebene von einem blauen Flüßchen durchschnitten, das gerade groß genug, einen Fischerkahn zu tragen und einige Mühlen zu treiben, und dessen Wellen ruhig zwischen schattigen Ufern dahinfließen.

... und welchem poetischen Gemüthe wäre nicht ein solcher Erlengang zu wünschen, wie er am Ufer des Flusses aufwärts nach den althertümlichen Ruinen eines Benedictinerklosters führt, namentlich in einer Frühlingsnacht, wenn der Mond in Sabbathstille über den Bergen steht, die Lindenbäume duften, das Wehr in der Ferne rauscht und die Nachtigall aus dem Buchenwald in langgezogenen Tönen herüberschlägt ...

Am Ausgange der beschriebenen Landschaft, da wo die Berge einander so nahe kommen, daß die Werla (so heißt das Flüßchen, welches im hohen Gebirg entspringt ...) den felsigen Fuß berührt, liegt das gewerbthätige Städtchen Neukirchen ...

Die Lage der Stadt kann nicht angenehmer in die Augen fallen. Die südliche Seite grenzt mit ihren Gärten fast unmittelbar an die Werla, nur ein schmaler Wiesenrand trennt sie von derselben; während die nördliche Hälfte malerisch am Fuße des Burgberges sich hinzieht ...«

Nur ein halbes Jahrhundert vor Ferdinand Stolle war es der Buchhändler, Drucker und Klassikerverleger Georg Joachim Göschen, der aus Leipzig in ein Hohnstädter Landhaus zog und keinen Geringeren als den »Weltenbummler« Johann Gottfried Seume in seiner Grimmaer Druckerei als Korrektor beschäftigte, hier einen literarischen Platz begründete.

Freilich, vordem schon war Grimma eine berühmte Schulstadt, hatte seit 1550 eine der drei sächsischen Landesschulen in seinen Mauern. Im einstigen Kloster der Augustinereremiten gegründet, blickt sie auf nunmehr 450 Jahre zurück. Unter anderen sind aus ihr der Kirchenliederdichter Paul Gerhardt und der Staatsrechtslehrer Samuel Pufendorf hervorgegangen.

Ein Jahrhundert, bevor Herzog Moritz die Landesschule St. Augustin hier einrichten ließ, ist sein Großvater Albrecht der Beherzte 1443 im Grimmaer Amtshaus geboren worden – nachmaliger Stammvater der albertinischen, seit 1547 kurfürstlichen Linie des Hauses Wettin. 2000 jährt sich Albrechts 500. Todestag.

Das Grimmaer Schloß war vom 14. bis 16. Jahrhundert eine wettinische Nebenresidenz und Stätte mehrerer Landtage. Die Große Muldenbrücke Matthäus Daniel Pöppelmanns von 1716/19 kündet vom einstigen Stellenwert der Stadt, den sie als markgräflicher Muldenübergang seit dem hohen Mittelalter für die werdende wettinische Landesherrschaft besaß.

Fernhandel und markgräfliche Privilegien wie das Stapelrecht für alles auf der Mulde geflößte Holz haben der Stadt zu ihrer Blüte im 13./14. Jahrhundert verholfen. Im Städtebündnis von 1344 mit Oschatz und Torgau zum gegenseitigen Schutz vor Raubritterunwesen sind die Grimmaer führend gewesen. Mit dem späten Mittelalter ist die Wirtschaft der Stadt dann durch die Nähe zum aufstrebenden Messeplatz Leipzig gedrosselt worden, auch wenn die Leipziger Holzhändler sich noch bis 1863 des Floßholzes bedienten, das am Grimmaer Floßplatz angelandet wurde.

Eine »Gründung« der Stadt hat es nie gegeben, aber bis zur Mitte des 13. Jahrunderts hatte die Muldesiedlung die »Qualität Stadt« erreicht. Marktrecht, Handwerker- und Kaufleuteniederlassung, Ummauerung u.a. gehörten dazu. Grimma bekam das Halle-Magdeburgische Stadtrecht, weitere städtische Rechte wie niedere und hohe Gerichtsbarkeit wurden mit der Zeit dem Landesherrn abgekauft oder abgetrotzt.

Das Schloß war ursprünglich eine wasserbefestigte Niederungsburg, die für das Jahr 1200 erste indirekte Nennung erfahren hat. Die Stadt begeht so mit dem Säkulumswechsel ihre 800-Jahr-Feier. Etwas augenzwinkernd freilich ist Grimma ungleich älter, nämlich die welterste Stadt überhaupt, erschlug doch Kain seinen Bruder Abel »im Grimme«, das heißt natürlich in Grimma, wenn man dem Kalauer folgen will.

Und da ist noch das Muldental, jenes schöne Fleckchen Erde in großen Flußbögen südlich der Autobahn zwischen Loreley/Döben und der Muldenvereinigung, in das der Sax-Führer nun schon in 2. Auflage einlädt. Dabei weiß er sich in gutem Bunde mit dem Grimmaer Fremdenverkehrsamt am Markt, dem Geschichts- und Altertumsverein zu Grimma, der Muldenschiffahrt und Fähre Höfgen, der Gesellschaft für Landeskultur im Muldental in der Kaditzscher Denkmalschmiede, mit einer Handvoll Museen und Galerien sowie einem Dutzend Hotels, Restaurants und Ausflugsgaststätten. Willkommen in Grimma und im Muldental!

*

Unser Grimma-Führer war nach Erscheinen 1992 bald vergriffen, und außerordentlich viel hat sich seither in der Stadt und in ihrem Umfeld verändert, so daß sich eine erweiterte, um Fotografien von Gerhard Weber bereicherte Fassung des praktischen Büchleins nötig machte. Die Überblickskarte zum Grimmaer Muldental in der Umschlagklappe schuf das Kartographische Büro Borleis & Weis. Hinzugefügt wurden reizvolle, dem Besucher hilfreiche Altstadtkarten um 1890 und 1925. Erhalten blieben die instruktiven Federzeichnungen, die der Dresdner Denkmalpfleger und Architekturprofessor Dr. Manfred Wagner um und nach der Mitte der 1980er Jahre »vor Ort« geschaffen hat.

VON GRIMMAS ALTSTADT

Die Altstadt mißt von Süd nach Nord einen dreiviertel, in der Ost-West-Richtung einen halben Kilometer. Sie ist damit die nach Leipzig größte in Nordwestsachsen, dazu ein städtebauliches Kleinod.

Reizvoll wird ihr Grundriß durch ein paar Unregelmäßigkeiten. Ins Gitterschema einer »geplanten Stadt« paßt die alte Badergasse (Urbaniakstr.) nicht hinein.

Auch die Unter- und Oberstadt trennende Kreuzstraße geht nicht gerade durch, sondern »eckt« mehrere Male an. Ebenso stoßen Grimmas Gassen deutlich gegeneinander versetzt auf die Längsachsen. Selbst die Lange Straße als Hauptachse der alten Stadt macht einen kleinen Bogen, so daß die Türme der Frauenkirche malerisch versetzt dem erscheinen, der vom Markt her in die Straße aufwärts blickt.

Grimma aus der Vogelperspektive um 1860,
von Adolf Eltzner gestochen

Es gehört zu den neueren Erkenntnissen, daß dem Gitterschema Alt-Grimmas ein ganz anderer, unregelmäßiger Grundriß im 13. Jahrhundert voranging. Viele der sächsischen Städte, deren Gründung etwa Markgraf Dietrich dem Bedrängten, der Städtegründer genannt, zugeschrieben wurde, sind älteren Ursprungs, mehrstufig gewachsen. Auch Grimma ist eine solche »gewachsene Stadt«, der historische Vorgang freilich nur in Bruchstücken erfaßbar. Es war wohl Markgraf Otto der Reiche, der hier gegenüber den vom Bistum Meißen bzw. dem Erzbistum Magdeburg kontrollierten Muldenübergängen bei Wurzen und Nerchau eine über Naunhof führende Verbindung nach Leipzig herzustellen versuchte. Er konnte dabei offenbar an ältere Siedlungskerne bei zwei Muldenfurten anknüpfen, an eine Kaufmannsniederlassung an der Nicolaikirche und eine Handwerkersiedlung am Baderplan. Ob nun aber der Leipziger Platz oder der Baderplan Grimmas erster Markt waren, ist vorläufig noch nicht nachgewiesen. Die Oberstadt jedenfalls war Grimmas eigentliche »Altstadt«, der heutige Markt indes gehört der Unterstadt und damit der »Neustadt« an.

Der im 13. Jahrhundert gewählte Umfang der Stadt war so groß bemessen, daß die ummauerte Fläche erst im späten 19. Jahrhundert bebaut worden ist. Die für 1241 bezeugte Stadtmauer hat sich an der Muldenseite fast vollkommen erhalten, während am Wallgraben nur noch Reste von ihr stehen. Grimma ist nie ernsthaft belagert, doch durch Hochwasser wiederholt beschädigt worden, was den Erhalt der muldenseitigen Mauerfront erklärt. Sogar Teile des Pappischen Tores an der Westseite der Altstadt hat das Muldenhochwasser von 1573 mit weggerissen.

Ein Blick auf den Stadtplan läßt die Lange Straße als Hauptschlagader erkennen, sie verbindet den Markt mit dem Leipziger Platz unweit der Frauenkirche. Parallel zu ihr verlaufen alle anderen Straßen: östlich davon die Frauen- und die Lorenzstraße, weiter zur Mulde hin die Mühl-, die Paul-Gerhardt- und die Klosterstraße, westlich die Weber-, die Nicolai- und dahinter die Schulstraße. Die Quergassen zwischen ihnen verkürzen den Weg von einer Straße zur anderen, wurden jedoch vor allem angelegt, um im Brandfalle schneller reagieren zu können.

Die Altstadt um 1890

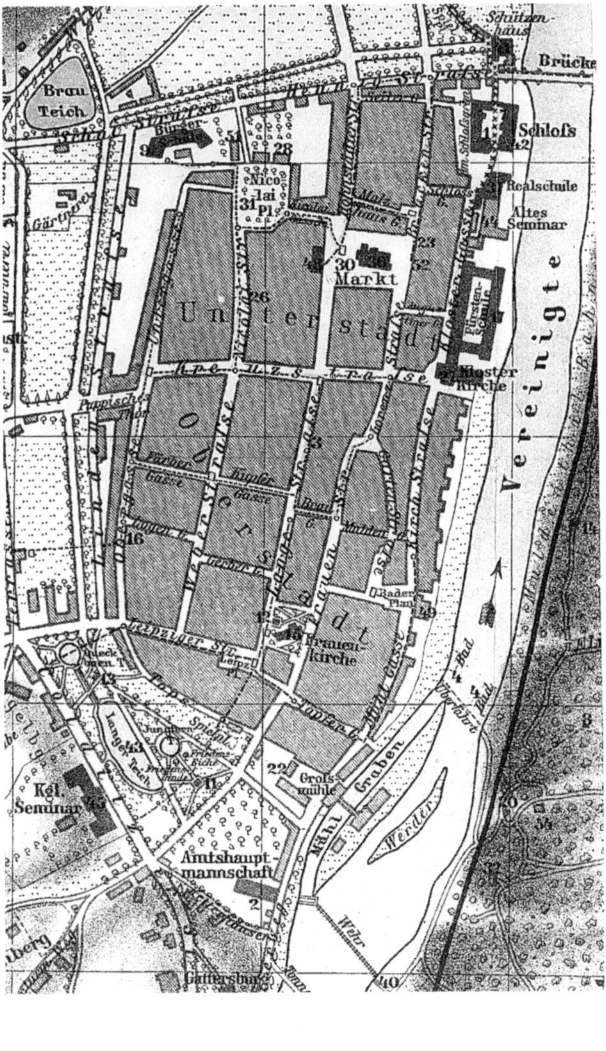

In vielen Grimmaer Häusern stecken Baukerne des späten Mittelalters, Keller reichen noch weiter zurück. Das Bild jedoch bestimmen Fassaden der letzten zwei Jahrhunderte. Schon bauliche Überlieferungen des 18. Jahrhunderts sind selten, wenn es auch zur Manufakturzeit noch einmal eine gewisse Blüte des Flanell- und Kattundruckes gegeben hat. Im 19. Jahrhundert wurden zumindest die Fassaden »modernisiert«. Gewaltsam hingegen baute man in der ersten Hälfte des 20. Jahrhunderts einige Häuser um, einige neu.

Die Bebauung mit zweistöckigen Häusern an der Straßenfront dominiert, oft wurden sie aufgestockt. Normalerweise gehen die Grundstücke bis zur nächsten Straße durch. Die Höfe sind im 19. Jahrhundert häufig mit Schuppen, Ställen und weiteren Wohnungen bebaut worden, dementsprechend gingen baumbestandene Gärten verloren.

Zum Bild von Alt-Grimma gehörten die Laufbrunnen auf den Höfen der großen Grundstücke. Nischen und Buchten weisen heute noch auf Standorte öffentlicher Brunnen hin. Alle zusammen wurden aus mehreren Quellen rund um die Stadt über Holzröhren gespeist, bis sie im späten 19. Jahrhundert durch eiserne Druckwasserleitungen abgelöst worden sind; sie brachten dann Wasser bis ins Haus.

In den 1950er Jahren begannen Rekonstruktionen des Zentrums mit den damals möglichen Mitteln. Davon war neben dem Markt vor allem die Lange Straße betroffen. Bei den Verantwortlichen war oft wenig Verständnis vorhanden und bei den Bauleuten nicht immer das Bemühen, Baudenkmäler zu retten. In den 1970er Jahren drohte gar eine Katastrophe, gab es doch Vorstellungen, die Altstadt bis auf Kirchen und Rathaus zu planieren, um auf einem Raster Neubauplattenblöcke aufzustellen. Im Karree Lange Straße / Weberstraße / Tuchmachergasse / Gerbergasse war an ein »Großkaufhaus mit Hubschrauberlandeplatz« gedacht. Gottlob ging der Kelch an Grimma vorüber, wie auch in anderen Städten ähnlich »hochfliegende« Projekte an wirtschaftlichen Möglichkeiten scheiterten.

Große äußere Verluste waren mit dem gedankenlos angebrachten Kratzputz verbunden, der meist grau ausfiel und historisch keine Berechtigung hat. Mit dem Ziel scheinbar »pflegeleichter« Häuser wurden Werksteineinbauten beseitigt, insbesondere Dachaufbauten, um den Preis einer enormen Verarmung der Fassaden. In den 1980er Jahren verbesserte sich die Einstellung den altstädtischen Bauwerken gegenüber, doch die wertvollsten waren teils schon zerstört, teils reduziert. Wenn dennoch ungewöhnlich viel erhalten ist, verdankt das Grimma maßgeblich dem Engagement einzelner – wie der 1979 verstorbenen Heimatforscherin Renate Sturm-Francke oder dem Museumsrestaurator und Bauarchäologen Günter Unteidig.

Internationales Aufsehen erregte die Stadt durch den Verfall der Klosterkirche in den Jahren 1952 bis 1989, wie ihn Manfred Wagner noch in der Zeichnung festgehalten hat. Infolge bewußter Verwahrlosung und praktisch kaum möglicher Restaurierung stürzte der Rest des einzigartigen gotischen Dachstuhles mit

dem der nördlichen Emporen im Sommer 1989 in das Kirchenschiff ab, obwohl nach vielfältigen Protesten erste Schritte zur Rettung des Bauwerkes unternommen worden waren. So blieb wenigstens der Dachreiter erhalten. Noch mit Mark der DDR wurde ein Stahlbinder-Dach beschafft, 1991 aufgesetzt und damit der Bau äußerlich gerettet. Umfangreiche und klärende archäologische Untersuchungen schlossen sich an. Heute, da eine Rekonstruktion des Dachstuhles möglich wäre, sieht man das widersprüchlich, zum Zeitpunkt der Rettungsarbeiten aber war es ein beachtliches Zeichen für ein besseres Kulturverständnis. Auch künftig wird in Grimma die Ernsthaftigkeit des kulturellen Engagements an der Haltung zur Klosterkirche und zu ihrer Geschichte gemessen. Dabei geht es nunmehr um sinnvolle Nutzungen der baulich vollkommen gesicherten Kirche.

Das große städtebauliche und kulturgeschichtliche Kleinod, Grimmas Altstadtkern, birgt Segen und Fluch in sich. Jetzt gibt es vermehrte Hoffnung auf einen schonenden Umgang mit dem, was wir »ererbt von unseren Vätern«, wenn nun nicht alles hemmungslosem Profitdenken unterworfen wird.

In den Jahren seit 1992 wandelte sich das äußere Bild der Stadt so grundsätzlich, wie es kaum vorstellbar war. Die Umstellung von Braunkohlefeuerung auf moderne Heizungen stand am Anfang und brachte die entscheidenden atmosphärischen Veränderungen für die Stadt im Flußtal. Bürger wie Kommune leisteten Außergewöhnliches beim Erhalt und Umnutzen der Gebäude. Dabei kam eine Fülle von historischen Zeugen zum Vorschein, und bei einer Reihe von moderneren Lösungen konnten vernünftige Kompromisse gefunden werden. Die baulichen Veränderungen sind grundlegender Art und von nachhaltiger Wirkung. Sie betreffen die Fassade wie das Gebäudeinnere und die Entkernung der Hofbebauung. Sichtbarste Zeichen sind die abgeschlossene Restaurierung des Rathauses sowie die Neugestaltung der Hohnstädter Straße und des Marktplatzes.

Ein Marktrundgang

Immer noch und immer wieder konzentriert sich das Leben einer Stadt auf dem Marktplatz. Der Grimmaer Markt ist eigentlich der Neumarkt aus der Mitte des 13. Jahrhunderts. Der große rechteckige Platz war damals sicher von ganz anderen Gebäuden, durchweg Holzbauten, umgeben. Seine genaue Größe kennen wir nicht, sie wird der heutigen ähnlich gewesen sein. Das erste Niveau lag jedenfalls reichlich zwei Meter tiefer und wurde aufgefüllt, weil man bei jedem Muldenhochwasser »nasse Füße« bekam. Unter dem heutigen Belag liegen mehrere Auffüllhorizonte.

Längst sind alle Häuser »versteinert«. Sie haben im Laufe des 16. und 17. Jahrhunderts die »Firstschwenkung« mitgemacht. Man drehte den First um 90°, und aus Giebelhäusern wurden die Traufhäuser, wie wir sie alle kennen. Vor allem Rücksichten auf den Feuerschutz geboten diesen tiefen Eingriff ins mittelalterliche Stadtbild.

Wie anderwärts drängen sich auch in Grimma um den Markt die anspruchsvollsten Häuser der Vergangenheit, der Wohlhabenden einer Stadt. Die Reihe beginnt mit dem spätgotischen Haus Nr. 11 um 1550 und endet bei der Sparkasse von 1929/30.

Rathaus. Das freistehende Ratsherrengebäude gehört zu den imposantesten Rathausbauten der sächsischen Renaissancearchitektur. Wann es erbaut wurde, weiß niemand zu sagen. 1442 ist es erstmals abgebrannt, ein weiterer Stadtbrand von 1538 äscherte den Bau abermals ein. Der Um- und Neubau zog sich bis 1585 hin und fand seinen Abschluß in der schönen, doppelläufigen Treppe. Darunter wurde der Wappenstein mit dem Fisch Barbe/Bärbe vom Stifter Bärschmann als »sprechendes Wappen« eingefügt. Ein Joch Zellengewölbe im Keller, der einst das Erdgeschoß war, erinnert an die großartige sächsische Erfindung des Zellengewölbes, das von der Meißner Albrechtsburg aus seinen Siegeszug antrat.

Ein ungeklärter Dachstuhlbrand von 1995 löste die beispielhafte Restaurierung des Rathauses aus, in deren Ergebnis eine allseits völlig neue und erstmals historisch höchst verantwortungsvoll rekonstruierte Ansicht des Baues entstand. Die heutigen Keller – einst das große Erdgeschoß des bedeutenden, aber deutlich kleineren Rathauses – stammen aus der Mitte des 13. Jahrhunderts! Sie wurden zu Kellern, da man angesichts der Muldennähe und der damit verbundenen Hochwasser durch Aufschüttungen schrittweise den Markt an der Vorderseite des Rathauses um reichlich 1,50 m, an der Rückseite sogar um 2 m anhob. Bei dem ersten Gebäude handelte es sich um eine geräumige Halle, die um 1442 nicht nur verändert, sondern auch wesentlich vergrößert wurde. Dieser Neubau bekam anschließend den bis heute erhaltenen gotischen Dachstuhl. Um 1515 erfolgte ein Umbau, der das gegenwärtige Bild ergab. Nach dem Brand von 1538 erfolgte bis 1585 die Restaurierung. In deren Verlauf wurde auch die seit 2000 wieder begehbare Freitreppe erbaut. Das Rathaus erhielt bis 1999 sein spätmittelalterliches Gefüge wieder. Daran erinnert an der Südseite ein gut erkennbares Kreuzstockfenster, das von ehedem sechs in Resten erhalten ist. Die hölzernen Erdgeschoßdecken sind aus der Mitte des 15. Jahrhunderts, etwa ein Jahrhundert jünger sind die Ausmalungen des Bürgermeisterzimmers. Ganz im Sinne der Vorstellungen von etwa 1820 wurde der Ratssaal mit Festonen ausgemalt.

Das Rathaus wird wieder von einem angemessenen Pflaster umgeben, denn die 1974 verlegten Betonplatten waren auf dem Marktplatz falsch, weil billig und unmaßstäblich. Erstmals sind auch die Entstehungsphasen des Rathauses aufgeklärt, so daß es notwendige Korrekturen der Bauzeiten und -nutzungen gibt.

Die rekonstruierte großzügige Halle prägt das Erdgeschoß und läßt erahnen, daß die Stadt einst bedeutender war, aber in der frühen Neuzeit wie alle anderen Städte in der Umgebung Leipzigs ihre politische, wirtschaftliche und kulturelle Bedeutung zugunsten der Messestadt einbüßte. Zur Linken schließen sich die großzügig neu gestalteten Räume der seit einem halben Jahrhundert mit anspruchsvollen Kunstaustellungen wirkenden Galerie an. Der neu gewonnene, große Ausstellungsraum der »Rathausgalerie« steht in Verbindung mit dem einstigen bekannten »Kunsthaus«. Dieser niedere Anbau war die **Wache** der 1819 hierher verlegten Husaren, die über die Stadt verteilt ihre Unterkünfte und Pferdeställe hatten. Die angebaute Rathausgalerie gestaltete man als jüngeren Anbau des Rathauses farbig anders. Alle gotischen Details des Rathauses sind seit dem Frühjahr 1999 sichtbar hervorgehoben.

Völlig neu wurde die Gaststätte Ratskeller gestaltet. Der zurückhaltend und mit Befunden geschmückte Ratskellersaal nimmt auch weiterhin den größten Teil des Obergeschosses ein. Neben ihm lagen: Vorsaal, kleiner Ratssaal, Büttelstube, Ratsstube und »Depositkammer« – das Reich des Kämmerers. Mit diesem geringen und ausschließlich ehrenamtlichen Aufwand kam man die Jahrhunderte lang aus. Als die Stadt auf der Grundlage der sächsischen Verfassung von 1831 eine Fülle neuer Aufgaben erhielt, die nicht mehr als »Ehrenämter« zu erledigen waren, mußten grundsätzliche Änderungen durch eine besoldete Verwaltung geschaffen werden. Damit fiel auch die Praxis weg, daß sich »sitzender und ruhender Rat« im jährlichen Wechsel ablösten: eine allgemein übliche Regel, um Veruntreuungen vorzubeugen. Schließlich sah man sich gezwungen, mit der durch besoldete Fachmänner ständig größer werdenden Stadtverwaltung das Rathaus zu verlassen.

Ungewöhnlich früh für Sachsen gab es in Grimma schon 1292 einen voll ausgebildeten Rat mit einem Bürgermeister an dessen Spitze. Es waren immer die gleichen Familien, die seit dem 15. Jahrhundert die Räte stellten. Aus den vier »Quartieren« der Stadt hatten zwar die sogenannten Viertelsmeister die Einwohner zu vertreten, doch in die Finanzgeschäfte ließen sich die Räte nicht hineinsehen. Der Bürgermeister saß und regierte in einem »Alkoven« der Ratsstube. Eine Balkenbretterdecke überspannt den Raum, in den eine gotische Tür führt. Der bescheidene Wandsafe an der Nordseite der Ratsstube diente Jahrhunderte lang. Erst nach den sächsischen Staatsreformen von 1832 reichten der sich erweiternden Stadtverwaltung diese Räume nicht mehr. Von der Depositkammer führt eine »heimliche« Treppe hinab ins Erdgeschoß, die wieder freigelegt wurde.

Über den ratsherrlichen Räumen liegt der riesige Rathausboden. Er war der Grimmaer Tuchboden, auf dem »Grimmisch Tuch« kontrolliert, gelagert und zum Verkaufen vorbereitet wurde. Im frühen 16. Jahrhundert, als die Stadt fast 2000 Einwohner zählte, war Grimmaer Tuch auf wichtigen Messen und Märkten Europas vertreten – Weberstraße und dortiges Zunfthaus der Weber erinnern daran ebenso wie ein historischer Webstuhl und der Tuchballen-Flaschenaufzug im Museum. Die Tuchmacher und Wollweber gehörten damals neben Bäckern, Schuhmachern und Fleischern zu den wichtigsten Grimmaer Gewerken. Noch bis ins 18. Jahrhundert hinein hielten sich in der Stadt kräftige Tuchmacher- und Weberinnungen, obschon der Fernhandel hier im ausgehenden Mittelalter seinen Zenit überschritten hatte.

Der große Raum des hohen Rathausbodens mit dem imposanten Dachstuhl verlangt nach der gewissenhaften und statisch meisterlich gelösten Sanierung eine sinnvolle Nutzung. Er birgt vor allem in den Tuchkammern die Haustechnik. Das archäologische Schaumagazin mit den seit langem großartigen Beständen, die seit den 1980er Jahren um ein Vielfaches vermehrt wurden, soll im Rathaus seinen endgültigen Platz finden. Wenigstens zu bestimmten Anlässen kann jetzt die Türmerwohnung wieder besucht und zu einem umfassenden Blick auf die auch im Inneren grüne Stadt genutzt werden. Bis vor 150 Jahren versah der Türmer dort bei Tag und Nacht Feuerwachtdienst und hatte in Abständen zu blasen. Darunter befindet sich die Rekonstruktion eines alten Ziffernblattes der Rathausuhr mit der Jahreszahl 1515, die auf die Rekonstruktionszeit der Fassade hinweist.

Der heutige Dachreiter des Rathauses ist gegen den des 18. Jahrhunderts wesentlich gekürzt. Hierzu wie zur Zeitmessung in Stolles Grimmaer Jahren sei noch einmal des längeren aus den »Pickwickiern« zitiert:

»Vor alten Zeiten soll dieses Rathaus mit einem stattlichen Thurme verziert gewesen sein. Dermalen ist leider nichts mehr davon zu erblicken. Die vorsichtigen Neukirchner trugen ihn ab, als er alt und schwach geworden. Sie wollten lieber auf eine Zierde ihrer Stadt verzichten, als sich dieselbe unversehens auf den Kopf fallen lassen. Die

Thurmuhr, welche etwas tiefer angebracht ist, besteht zwar heutigen Tages noch, entspricht aber durchaus nicht den Anforderungen, die man heutzutage an eine Thurmuhr zu machen berechtigt ist. Erstens ist der Zeiger mit dem Schlagwerke trotz aller deshalb angestellten Bemühungen der städtischen Behörden nie in Einklang zu bringen. Sind die beiden nur eine Viertelstunde auseinander, so können die Neukirchner von Glück erzählen. In der Regel schlägt diese höchst sonderbare Rathhausuhr Dreiviertel, während der Zeiger unbekümmert auf Einviertel steht; und umgekehrt. Es haben diese Abweichungen des Weisers mit dem Schlagwerke schon zu den verwickeltsten Processen die Veranlassung gegeben, da die Rathhausuhr bekanntlich als officieller Zeitmesser in Neukirchen angenommen ist. Das Schlagwerk leidet außerdem an der Untugend, daß ihm schon seit langen Jahren ein Zahn abhanden gekommen ist. Bis sechs Uhr geht Alles gut. Weiter hinaus tritt jedoch eine schmerzliche Pause ein, weil gerade derjenige Zahn seit dem siebenjährigen Kriege in Hinwegfall gekommen, der für den siebenten Glockenschlag bestimmt war. So schlägt es auf dem Neukirchner Rathhause alle Morgen und Abende, die Gott werden läßt, zwei Stunden hintereinander sechs Uhr, ist es acht, so ertönen abermals sechs Schläge; dann folgt eine Pause, wo man sich den siebenten Schlag hineindenken muß, und hierauf erst der achte Schlag. So lange die Neukirchner zu denken vermögen, die ältesten Leute nicht ausgenommen, kann Niemand sich erinnern, es auf dem Neukirchner Rathhause je sieben Uhr haben schlagen zu hören.«

Bei der Restaurierung des Rathauses wurde im Frühjahr 1999 auch die völlig veränderte Fassade sichtbar mit den bemerkenswerten gotischen Details an der massiv ausgeführten Wetterseite. Vor allem aber wird seit Jahrhunderten erstmals wieder die schöne Freitreppe genutzt, um über neue Porphyrtuff-Stufen in das Obergeschoß zu gelangen! Nach den farblichen Befunden wurde das Tannen-Fachwerk des östlichen Giebels gestaltet.

Es fällt schwer sich vorzustellen, daß der gesamte Dachstuhl mit den Fachwerkgiebeln in den beiden Jahren 1439/40 verzimmert worden ist. Das hierher geflößte Stammholz und daraus verzimmerte Fachwerk konnte erst 1961 vom Putz befreit werden. Während der letzten Renovierung 1975 wurde es gepflegt und danach mehrfach farblich behandelt.

Seit zur Jahresmitte 1999 der Belag auf der Südseite des Marktes gewechselt wurde, kennt man Größen und Lage der Fleisch- und Brotbänke. Ihre Fundamente wurden dokumentiert, und dabei stellte man fest, daß vor den Fleischbänken eine Laube erbaut war. Die Versorgungseinrichtungen muß man sich als massive Baracken vorstellen, die in kleine Verkaufsstände eingeteilt waren. Ihre Reihenfolge wurde bis ins frühe 19. Jahrhundert verlost, damit jeder »Stadtmeister« einmal in den Vorteil kommen konnte, auch erster am Zugang zu sein. Beide Bauten sind jetzt wieder unter dem steinernen Belag verschwunden. An der Nordseite des Rathauses lagen bis nach 1900 die »Töpferkammern«, in denen hiesige Töpfermeister ihre Waren feil boten. Durch einen Glücksumstand erhielt sich unter der alten Treppe zum Obergeschoß des Rathauses eine repräsentative Auswahl Grimmaer glasierter Ware aus dem frühen 16. Jahrhundert.

Vorm Rathaus steht seit 1912 der Marktbrunnen mit der **Eva** – gedacht als Fortuna oder Aphrodite. Sie verkörpert den Reingewinn der »Industrie- und Gewerbeausstellung« von 1908 und ist der bekannteste Treffpunkt für Verabredungen in der Stadt. In den letzten Jahren kamen Lindenanpflanzungen am Rathaus hinzu, die 1974 einer »Modernität« geopfert wurden.

Wenden wir uns nun der Platzbebauung zu. An der Ostseite des Marktes blieben von dem attraktiven Kaufmannshaus **Nr. 2** nach dem Umbau 1979/81 nur die barocken Kreuzgratgewölbe im Erdgeschoß und die feuersichere Treppe übrig. Das gesamte Interieur ging bei dieser falschen Modernisierung verloren. Dabei war das Haus nach dem Stadtbrand von 1753 erst wieder neu aufgebaut worden. Die Hofbebauung enthält die originelle Gaststätte »Kräutergewölbe«, zu der auch ein Freisitz gehört. Bewußt wird dort Bezug genommen auf die lokale Geschichte und den Gästen Heimisches angeboten.

Die **Nr. 3**, ein Bau von 1603, hat noch viel Spätmittelalterliches bewahrt. Obergeschoßlaube auf dem Hof, Sitznischenportal, »schwarze Küche« und tiefer Keller charakterisieren das Haus als Renaissancebau. Wie an manch anderer Stelle in der Stadt hat man das Renaissanceportal dadurch gerettet, daß es, vorn unmodern oder zu klein geworden, an der Rückseite des Hauses wieder eingebaut wurde. Bei der jüngsten Sanierung fügte man eine zweite Haustür ein – so muß niemand durch die Hintertür in das Haus gehen.

Markt 7 und Klosterstraße 16 gehören zusammen, einst ein geräumiges Handwerkeranwesen. Wer genau hinsieht, wird noch mancherorts solche langen und meist schmalen Grundstücke finden, die an zwei Straßen bebaut sind. Die inschriftlichen Jahreszahlen 1737 und 1696 sprechen eine deutliche Sprache – das Vorderhaus war ein Barockbau mit Stuckdecken im Obergeschoß. Die Dachausbauten hatte das Haus bis in die 70er Jahre noch, so konnte Dachraum effektiv genutzt werden. Heute freilich würde niemand mehr in die Dachkammern von einst einziehen wollen: Sie waren im Sommer heiß, im Winter eiskalt.

Das Eckhaus **Nr. 8** an der Marktnordseite wurde 1992 vollständig saniert. Eine für die Stadt charakteristische Balken-Bretterdecke aus dem 16. Jahrhundert kam zum Vorschein; dabei überdecken sich wechselweise die längst dunkel gewordenen Bretter als »Dekker und Kriecher« zwischen den profilierten Balken. Eine Hochwassermarke vom schlimmsten Jahr 1771 erinnert daran, daß die Mulde auch sehr unsanft sein konnte, nicht immer eine »Milde« oder »Milda« war.

Der Barockbau **Nr. 10**, der, nach dem Dachstuhl zu urteilen, zwei Häuser unter einem Dach vereint, ist das »Böhlausche Freihaus«. Die von Böhlau, seit 1783 Herren von Döben, hatten hier ein städtisches Wohnhaus zu ihrem Schloß auf dem Döbener Burgberg. Als privilegierter Adel waren sie von Steuern wie militärischen Einquartierungen befreit und unterstanden rechtlich dem Landesherrn, nie der Stadt bzw. dem Amt. Die von Böhlau konnten im frühen 18. Jahrhundert über acht Generationen hin ihre adlige Herkunft nachweisen, waren damit schriftsässig und hoffähig. Man durfte mit der Hofkanzlei wie mit anderen staatlichen Stellen direkt korrespondieren und war nicht an den Umweg über das Amt gebunden – daher »schriftsässig« und nicht »amtssässig«. – Im geräumigen Erdgeschoß befindet sich jetzt ein Café.

Die **Nr. 11** ist das älteste Haus am Markt und wird auf etwa 1550 datiert. Ein prächtiger Erker geht über zwei Etagen, dazu verarbeitete man den schönsten

Stein aus der Umgebung, den Rochlitzer Porphyrtuff. Wappen, Wirbel und gotisches Faltwerk schmücken die Brüstungen. Einst war der Bau »jahrmarktsbunt« angemalt, farbenfreudig wie die Kleidung der Menschen dieser Zeit, wenn sie nur vermögend genug waren. In das Haus zog 1797 der Leipziger Buchhändler und Klassikerverleger Georg Joachim Göschen mit seiner Druckerei ein. Im Dachgeschoß wohnte einige Jahre sein Korrektor und Verlagslektor Johann Gottfried Seume, der 1801 von hier aus seinen »Spaziergang nach Syrakus« antrat. Eine Gedenktafel erinnert an dieses wichtige Stück Grimmaer Kulturgeschichte vor fast 200 Jahren. Eine Kalkschicht im Treppenhaus deckte interessante Wandinschriften und -malereien. Bei einer Restaurierung der frühen 80er Jahre konnten die beiden spätgotischen Decken, von denen eine erst dabei entdeckt wurde, sowie eine anspruchsvolle hölzerne Wendeltreppe erhalten werden.

Etwa zeitgleich ist der Nachbarbau **Nr. 12.** Beide Häuser weisen noch einen mittelalterlichen Grundriß

auf: Stube und Laden liegen nebeneinander im Erdgeschoß, die Wohnräume seit alters im Obergeschoß. In einer dramatischen Rettungsaktion 1987 wurde die Decke des späten 16. Jahrhunderts geborgen, später wieder eingefügt und restauriert, ein Verdienst des Museumsrestaurators Günter Unteidig. Eine darunter gehängte Decke des späten 17. Jahrhunderts wurde nach Freiberg gegeben, weil eine unverständige Verwaltung das wertvolle Stück hier nicht »brauchte«.

Ein vorbildlicher Bau der Jahre 1929/30 ist die in der Zeichnung links zu sehende **Sparkasse** (Nr. 13), errichtet vom Nerchauer Architekten Hugo Koch, der die Idee der Gartenstadt in Deutschland verbreitete. Er war einer der besten Kenner sächsischer Gartenkunst und hat dazu ein unübertroffenes Buch hinterlassen, 1999 als Reprint im Sax-Verlag erschienen. Aus Hamburg brachte Koch die Konzeption des »neuen Bauens« mit, das vom Historismus abging und an die Stelle der Wiederholung historischer Baustile funktionsgerechtes Bauen setzte. Die Sparkasse wurde ursprünglich »multifunktional« genutzt, denn da waren neben den bis heute genutzten Wohnungen auch ein Zahnarzt und das Standesamt untergebracht. Der Bau erfüllte bis 1992 seine Aufgaben vollkommen. Danach bezog die Verwaltung der regionalen Sparkasse einen Neubau jenseits des Wallgrabens.

Ein breitgelagerter Renaissancebau ist die **Nr. 14,** ehemals »Hasenbeins Gaststätte«. Gasthof, Ackerbürgerhof und Ausspanne wurden da einst vereint. Eine großartige Architektur ziert das Erdgeschoß, zu der »Sparbögen« und eine Schwarze Küche gehören. Konsolsteine, die einen jüngeren Eckerker tragen, heben das Haus hervor (siehe Zeichnung S. 27). Von hier, wo Marktgasse und Hohnstädter Straße auf den Markt stoßen, ergibt sich der bereits genannte malerische Blick die Lange Straße aufwärts zur Frauenkirche und die Hohnstädter Straße hinab zum Burgberg.

Das anspruchsvollste Haus am Markt ist an seiner Westseite die **Nr. 15**, ein Bau von 1572 für Amtmann Lüder, der mit seiner Frau Blanck im Allianzwappen des Portals verewigt wurde. Ein aufwendiges Sitznischenportal nach vier vorgelegten Stufen schmückt den Bau. Von der dahinter liegenden Halle aus werden alle Räume des Erdgeschosses erreicht, über die hinten angebaute Wendeltreppe aus Porphyrtuffstufen die beiden Obergeschosse. Das Haus ist z.T. mit Tonnengewölben unterkellert. Manche Baudetails kamen erst im 20. Jahrhundert hinein. Seit 1983 befindet sich im repräsentativsten Raum des Hauses neben der geräumigen Diele das Standesamt. Das Einwohnermeldeamt blieb im Grundstück, wechselte aber 1999

ins renovierte Seitengebäude. Bei der Marktplatzgestaltung erhielt im Sommer 1999 das Gebäude einen neuen Putz und eine angemessene Farbgebung.

Die Gebäude **Markt 16** und **Nr. 17** benutzt jetzt die Stadtverwaltung und baute sie ab 1995 schrittweise vollständig bis in die Dachgeschosse um. Im Dienstzimmer des Bürgermeisters wurden dabei sehr beachtenswerte dekorative Wandmalereien und -gestaltungen der späten Renaissance gefunden, gereinigt und gesichert. Im Hinterhaus befindet sich das Stadtarchiv mit reichen Beständen an Verwaltungs-Schriftgut, Urkunden, Zeitungen/Zeitschriften, Bildern/Fotos.

Nach diesen Gebäuden stoßen wir auf das repräsentative Wohnhaus **Nr. 18**, den alten Grimmaern als »Café Winkler« bekannt. Dort hatte der nicht zünftige Zinngießer Gottlob Carl Israel Weber um 1800 seine Zinngießerwerkstatt. Er besaß bis zu seinem Tode ein Monopol für zinnerne Klistierspritzen, die er bis nach Madrid und Petersburg vertreiben konnte; damals half ja häufig schon die Drohung mit dem Mittel.

Das Nachbarhaus **Nr. 19**, »Der goldene Löwe«, war über die Jahrhunderte das »Grandhotel« der Stadt. Bei Putzarbeiten im Sommer 1989 kam unter der klassizistischen Fassade eine barocke zum Vorschein, doch zum Restaurieren war damals weder Zeit noch Geld da. Leider gelang es in den letzten Jahren nicht, dieses Gebäude mit seiner interessanten Hofbebauung, zu der eine große Obergeschoßlaube gehörte, angemessen zu sanieren.

Reizvoll ist auch die Südfront des Marktes. Leipziger Kaufmannshäusern nachempfunden wurde **Nr. 23**, ein Bau von 1734 wie auch das Nachbarhaus Nr. 22. Für Grimma ist es das eindrucksvollste Barockgebäude. Die lange Restaurierung von 1986 bis 1992 sieht man dem Haus mit dem über zwei Etagen reichenden Erker an. Es enthält wertvolle Details aus der Erbauungszeit im Inneren und beherbergt das Fremdenverkehrsamt der Stadt. Zur Ausstattung im Obergeschoß gehören Kamin, »Hinterladerofen« – der Stubenofen wurde vom Flur aus geheizt – und eine Wand, die mit niederländischen Bilder-Fliesen dekoriert ist. Auf jeder Etage befindet sich einer dieser schönen Räume, die der Galerie als Interim dienten. Bis in das Dachgeschoß führt eine zuletzt gewendelte Steintreppe aus Rochlitzer Porphyrtuff. Sie wurde hier wie in einer Reihe anderer Häuser in der Stadt wegen des Brandschutze so gebaut.

Das repräsentativste Ackerbürgergut Grimmas war die **Nr. 24**, wohl 1732 erbaut. Noch in den 1950er Jahren wurde hier eine bescheidene Landwirtschaft betrieben. Seit der Anlage des neuen Marktes prägten die »Stadtbauern« das Bild des Stadtzentrums mit. Die städtischen Bedingungen erzwangen jedoch eine Trennung des dahinter befindlichen Wirtschaftshofes von der zugehörigen Scheune, die der Brandgefahr halber außerhalb der Stadtmauern im sog. »Scheunenviertel« lag. Die reich gegliederte Dachzone des Hauses wurde 1972 rigoros abgeräumt und »vereinfacht«. Steintreppe und blechbeschlagene Tür im Hausflur sind wertvolle Details.

Seit einem Brand von 1989 hat sich für **Nr. 26** der Begriff »Brannthaus« eingebürgert. Mit der mühevollen, dafür aber auch befriedigenden Rekonstruktion des Hauses wurde das mit 1667 datierte Portal von der Hof- zur Straßenfront um- und damit an seinen ursprünglichen Standort rückversetzt.

Durch die Lange Straße

Grimmas wichtigste und repräsentativste Geschäfte waren und sind in der Langen Straße. Deren Umbenennung in Albert-Kuntz-Straße ist von den alten Grimmaern nie hingenommen worden, die »Rückumbenennung« war 1990 keine Frage.

Die Lange Straße als Achse der alten Stadt verbindet den Markt mit dem Leipziger Platz und wird geteilt durch die Kreuzstraße, die Scheide zwischen Unter- und Oberstadt. Der vom Markt ausgehende kurze nördliche Teil der Langen Straße gehört zur Unter- oder »Neustadt« der Mitte des 13. Jahrhunderts, der bis zur Frauenkirche führende südliche Straßenzug zur Oberstadt, der sogenannten Altstadt.

Vom Markt her stoßen wir zunächst rechterhand auf die **Nr. 68**. Der Schlußstein über der Tür weist auf eine ehemalige Bäckerei hin. Hier halten in bekannter Weise zwei Löwen die bekrönte Brezel. Dieses »sprechende Wappen« wurde 1742 in Rochlitzer Porphyrtuff gemeißelt. Im Haus hat sich der Rest einer Schwarzen Küche erhalten. Bis ins 18. Jahrhundert hinein brannte dort ein offenes Feuer unter einem Rauchfang auf einem gemauerten Herd. Der einstige Bäckerladen war in der heizbaren Stube untergebracht, und über den langen Flur zum Hof ging der Weg in das Obergeschoß – ein durchaus mittelalterlicher Grundriß, der aufgegeben wurde, als man anfing, Korridore, Treppenhäuser und obere Flure, bei uns sogenannte Vorsäle, zu bauen.

In der **Nr. 66** befand sich bis 1945 die traditionsreiche, seit 1991 fortgeführte Grimmaer Druckerei Bode. Im Hinterhaus wird nach wie vor anspruchsvoll gedruckt. Im Hause saß über Jahrzehnte, bis 1992, die Redaktion der »Leipziger Volkszeitung«.

In den 1920er Jahren war das Textilkaufhaus **Nr. 58** das führende in Grimma, das die »volkseigene Handelsorganisation« bis 1991 nutzte und in das danach eine Drogeriekette einzog. Für Grimma war es eine Sensation, als man damals das Haus »großstädtisch« als zweigeschossiges Kaufhaus ausbaute mit gußeisernen Säulen und Stahlträgern. Der »Einkaufspalast« zerstörte zwar die Harmonie der Straße, aber man bot alles Mögliche hinter den großen Glasflächen an.

Nr. 56 verkörpert mit vorgeblendeter Klinkerfront und schwerer Sandsteindekoration die wirtschaftliche Blüte um die Jahrhundertwende. Hier sind auch noch die Holzfenster aus der Erbauungszeit erhalten.

Die **Nr. 53** wurde bei der Sanierung nach 1980, bis auf das barocke Portal, das in einer Nische steht, ganz beseitigt. Es gab zwar keinen Grund, das Haus abzureißen, aber so konnte der Baubetrieb große Rechnungen schreiben. Der »Eisenwarenladen Fischer« war eine Legende für Grimma, weil sehr viele Wünsche immer wieder erfüllt werden konnten. Die neue farblose Fassade kann das ehemals bescheidene Barockhaus nicht aufwiegen.

Vom benachbarten Barockhaus (Eingang **Kreuzstraße 9**) mit seiner Front zur Langen Straße blieb leider nur noch im Obergeschoß die wertvolle Stuckdecke erhalten.

Die **Nr. 52** wurde im frühen 19. Jahrhundert die städtische Garküche. Der Garkoch hatte im späten Mittelalter das militärische Aufgebot der Stadt zu begleiten, wenn dazu der landesherrliche Befehl vorlag. Daraus wurde die fertige oder halbfertige Zubereitung der Speisen für Bürger der Stadt wie für Fremde. Ein städtischer Garkoch kann in Grimma seit 1600 nachgewiesen werden, nicht zuletzt wegen wiederholter Auseinandersetzungen mit Wirten und Fleischern. Die Garküche wechselte mehrmals den Standort: Markt 23, Malzhausgasse, Kreuzstraße 26, ehe sie hier einzog. Nach Zugeständnissen der Stadt wurde im frühen 19. Jahrhundert eine klassizistische Fassade angebracht, sie überstand reduziert eine Restaurierung der 1960er Jahre. Bis 1998 wurde das Eck-Gebäude grundsätzlich saniert, um- und im Dachgeschoß ausgebaut. Das sich anschließende Gebäude, in dem sich einst der Gasthof »Gambrinus« befand, entkernte man vollkommen und nutzte es um.

Gegenüber und bereits oberhalb der Kreuzstraße liegt die **Nr. 50**, der einstige »Kronprinz«, auch als »Hotel Laudel« bekannt. Der Umbau des vormaligen »HO-Stadtcafé« zu Bürogebäude und Gaststätte konnte schon 1991 begonnen werden.

Die **Nr. 43** hat trotz barocker Gestaltung Mitte des 18. Jahrhunderts noch einen mittelalterlichen Grundriß – neben dem Laden führt eine feuersichere Steintreppe aus Porphyrtuff ins Obergeschoß. Im mittleren Zimmer gibt es eine bescheidene Stuckdecke. Eine »Urne« bekrönt die große, stehende Dachgaupe.

Das Haus **Nr. 41** ist 1912/13 als Geschäftshaus mit zwei Läden im Erdgeschoß erbaut worden. Als beide

Einrichtungen vereint wurden, mußte die Treppe im Haus verändert werden. Wie in vielen anderen Grundstücken der Stadt waren hier im Hof bis 1914 Husarenstuben und -pferdeställe untergebracht.

Im Haus **Nr. 37** gibt es seit 1630 die erste staatlich bestätigte »privilegierte« Apotheke Grimmas. In der Mitte der Fassade prangt der symbolische schwarze Adler. Ein Umbau veränderte 1720 die Fassade, worauf die Jahreszahl unter der Kartusche des Schlußsteins über dem Eingang hinweist. Auch hier versetzte man das nicht mehr modische Sitznischenportal von der Vorder- auf die Rückseite. So blieb es, wenn auch verstümmelt, wenigstens erhalten; aus der gleichen Zeit stammen die barocken Kreuzgratgewölbe.

In den Jahren 1987/89 wurde die **Nr. 29** umgebaut. Dabei kamen großartige Baudetails der Renaissance zum Vorschein. Die Fledermausgaupen wurden respektiert, nicht aber die Luke mit dem Ladebaum. Es ist vorgesehen, das Barockhaus wieder in den alten Zustand zu versetzen. Kreuzgratgewölbe, Gurtbögen, Türen und entsprechende Beschläge sind vorhanden. Im Haus war eine Schwarze Küche, am Kellerzugang gibt es ein Weihwasserbecken aus Porphyrtuff.

Nr. 34 und **36** sind »Hauszwillinge« und wurden gleichzeitig im 17. Jahrhundert erbaut, später entstellend modernisiert, so daß man das hohe Alter von außen nicht ablesen kann. Feuersichere Gewölbe im Hausflur waren ebenso wie die steinernen Treppen Brandvorkehrungen.

Hinter der Biedermeiertür von **Nr. 24** verbirgt sich ein imposantes Renaissancehaus, das nur an Fenster- und Deckenprofilen erkennbar ist. Der Restaurierung harrt auch der Saal in einem Seitengebäude des Hofes. Hier war zuletzt die Grimmaer Stadtbrauerei untergebracht. Bis zum Ersten Weltkrieg wurden im Hause die meisten sächsischen Brauer praktisch ausgebildet. Das Bierbrauen war ein wichtiges Privileg vermögender Bürger und ein einträglicher Erwerbszweig der Stadt. Die »Grimmaer Braukommun« stellte eine effektive Form genossenschaftlichen Zusammenschlusses der brauberechtigten Bürger dar, in der diese »Volksnahrung« erzeugt wurde, ehe sie andere Getränke einschränkten. Konkurrierende Nachbarorte und Rittergutsbrauereien haben im 18. Jahrhundert wiederholt und erfolgreich versucht, Grimmaer Bier als »Bauchweh« zu diffamieren. – Seit den 1960er Jahren ging es hier um die Neugestaltung des erwähnten Karrees zur Weberstraße hin, mit Großkaufhaus und Hubschrauberlandeplatz. Auch nach 1990 versuchten sich mehrere Architekten an einer Lösung. Mit der unauffälligen Eckbebauung **Nr. 16** ließ sich wenigstens das Bild der Gerbergasse wieder gewinnen.

Einen scheinbar wenig attraktiven Barockbau, die **Nr. 18**, ließ Fleischermeister Uhlig 1992 im denkmalpflegerischen Sinne vorbildlich maßvoll umbauen und zugleich umfassend modernisieren, so daß das Haus modernen Wohn- und Geschäftsansprüchen entspricht. Es blieben so der Keller des 16. Jahrhunderts und die Brettbaluster an der Treppe zum Dachgeschoß mit der archaischen Verzimmerung erhalten. Da man nach 1975 die beiden benachbarten Häuser abgerissen hatte, verzog sich der Dachstuhl nach der Seite. Diese alten Häuser sind aber erstaunlich elastisch und stabil. Im Vergleich zu anderen Städten hat Grimma wenige destabilisierende Abrisse zu ertragen gehabt, wenn auch zwei denkmalpflegerische Katastrophen – »Rekonstruktionen«, die über die Lange Straße aus unterschiedlichen Richtungen kamen – viel vom Charme dieser Fußgängerzone nahmen.

Die **Nr. 14** ist ein Ziegelrohbau um 1900 mit Elementen des Jugendstils und des »art deco«. Er wurde im Vergleich zu den umgebenden Häusern um eine Etage zu hoch gebaut und fällt so aus dem Bild der oberen Langen Straße heraus.

Am Renaissancehaus **Nr. 6** ist im Schlußstein des Sitznischenportals eine einfache Brezel in den Rüdigsdorfer Tuff gemeißelt worden. Es gibt die Überlieferung, daß sich bei der Belagerung Wiens 1683 durch die Türken die Bäcker besonders auszeichneten: Sie stärkten den Eingeschlossenen den Rücken, indem sie

Brötchen in Form von Halbmonden buken. So verzehrte, das heißt vernichtete jeder Wiener symbolisch am Kaffeetisch einen Belagerer! Der Kaiser soll nach einer beispielhaften europäischen Aktion zur Abwendung der Türkengefahr den Bäckern das Recht verliehen haben, ihre Brezel in Zukunft bekrönt und von zwei Löwen gehalten darzustellen. Seit Leopold I. dürfte es also dieses Bäckerwappen geben, dem wir am Eingang zur Langen Straße begegneten. Damit muß das hiesige Portal mit der einfachen Brezel wohl vor 1683 erbaut worden sein.

Wir stehen am Ende der belebten Langen Straße. Vor uns liegt der stille Frauenkirchplatz.

Um die Frauenkirche

Mit reichlich 40 m Höhe überragen die Westtürme der Frauenkirche die Stadt weithin. Sie ist Grimmas Hauptkirche und bedeutendstes romanisches Bauwerk. Die »Erklärungssage« weiß von zwei in Seenot geratenen Grimmaer Kaufleuten zu erzählen, Brüdern, die gelobten, wenn sie den Sturm überstehen würden, ihrer Heimatstadt zwei Türme zu stiften. Um sie unterscheiden zu können, habe man sie ein wenig in der Höhe verschieden gebaut.

Baubeginn wird um 1230 oder 1240 angenommen, davor gab es einen hölzernen Vorgängerbau. Die Schiffe der dreischiffigen Pfeilerbasilika sind weniger als 100 Jahre jünger, aber bereits im gotischen Stil erbaut. So stehen den romanischen Knospenkapitellen an den Türmen prächtige gotische Laubwerkkapitelle an der Südseite des Querschiffs gegenüber. Sie weisen eine Verbindung zu den Dombauhütten in Naumburg oder Meißen auf. Der Chor der Frauenkirche ist gerade und mit drei Fenstern geschlossen – ebenso der der Klosterkirche und der Hospitalkapelle.

1988 begann die letzte Instandsetzung der Türme. Die vorletzte Gesamtrestaurierung erfolgte 1928. Die vorangegangene von 1888 hat die gotisierende Bereicherung von 1837 aufgehoben. Die Ausstattung mit neogotischer Kanzel, Gestühl und Orgel stammt von 1888. Als sogenannte »Fabrikorgeln« wurden diese Instrumente lange geschmäht – aber darauf kann alles gespielt werden, was es an Orgelliteratur gibt!

Die Pfeiler des Schiffes wirken massig, weil der Fußboden einst tiefer lag. Möglicherweise wurde die flache Holzdecke nach einem Brand von 1430 durch eine Kreuzrippenwölbung neu überdeckt. Beide Seitenschiffe sind um ein Joch länger, da die Empore in das Hauptschiff reicht. Ziemlich weit oben an den quadratischen Pfeilern beginnen die Wölbungen auf Konsolen. Im Inneren des Querhauses gibt es ebenfalls sehr anspruchsvolle Laubkapitelle, sie stammen aus der Zeit um 1300.

Der Hauptaltar ist das Werk eines Unbekannten aus Leipzig, man behalf sich mit dem Notnamen »Meister des Knauthainer Altars«. Im Schrein wurde Christi

Geburt dargestellt. In der Predella schuf der Meister die Verkündigung, und in den Flügeln schnitzte er die Heimsuchung und die Anbetung der Hl. Drei Könige, auf den Rückseiten der Flügel – ebenfalls von etwa 1520 – die Flucht nach Ägypten und den Kindermord von Bethlehem. Das sind anspruchsvolle Leistungen aus der Zeit unmittelbar vor der Reformation, in der die deutsche Kunst einen lange Zeit nicht wieder erreichten Höhepunkt hatte.

Der Taufstein von 1598 in den Formen der späten Renaissance aus der Nicolaikirche wurde vor deren Abbruch 1888 in die Hauptkirche der Stadt gebracht. Einige Figuren in der Frauenkirche stammen aus dem Gesprenge des Nicolaialtares und von anderer Hand. Vor allem Maria und zwei andere Heilige sind zwei schöne Arbeiten aus der Werkstatt des »Meisters des Brandenburger Altars« – auch hier hat sich die Kunstgeschichte mit einem Notnamen behelfen müssen.

An die Turmrestaurierungen schlossen sich nach 1990 die Arbeiten im Kircheninneren an. Der nun elektrisch zu beheizende Kirchenraum erhielt neuen Fußbodenbelag, nachdem der hölzerne Vorgängerbau der Kirche von etwa 1200 vollständig ergraben war. Der neue Innenputz der Kirchenschiffe folgt genau der nicht immer ebenen Struktur des Bruchstein-Mauerwerkes. Die Gewölberippen sind den Bauphasen entsprechend abgefärbt. Zum Reformationsfest 1993 konnte die Kirche wieder eingeweiht werden. Seit dem 31. Oktober des Jahres tönt auch die neue Glocke mit dem Gewicht von 915 kg wieder.

Seit Ende 1998 liefen die Arbeiten zur Gestaltung des Kirchplatzes, die 1999 mit den Pflasterungen in Quarzporphyr-Steinen abgeschlossen werden konnten. Seitdem trennt eine Bruchsteinmauer mit Pergola den Kirchplatz von der gärtnerischen Anlage, die an der Stelle des Kirchnerhauses neu entstand.

An der Nordseite der Frauenkirche steht auf hohem Granitsockel unter einer mächtigen Platane die in Bronze gegossene **Lutherbüste** des Pulsnitzer Bildhauers Ernst Rietschel. Sie wurde 1883 anläßlich des

Die Frauenkirche

Blick über die Muldebrücken auf die Altstadt

Der Nicolaialtar in der Grimmaer Friedhofskapelle und die Lange Straße vom Markt zur Frauenkirche (unten)

Rechte Seite:
Gymnasium St. Augustin und die Klosterkirche und der Wiesenweg vor der Stadtmauer (unten)

Wappenstein von 1724 auf der Pöppelmann-Brücke und spätgotischer Schaugiebel vom Muldenflügel des Schlosses, unten das spätromanische Rundbogenfenster als ältester Zeuge profaner Architektur in Grimma

400. Geburtstages des Reformators gesetzt und ist ein Büstenabguß des Wormser ganzfigürlichen Lutherdenkmals, das dort an den Reichstag des Jahres 1521 erinnert. Grimmaer sind überzeugt, daß er hier, in ihrer Stadt, zur Erkenntnis kam, ernsthaft etwas gegen den Ablaßhandel unternehmen zu müssen. Leider gibt es keinen Beweis, daß er auch in der Frauenkirche gepredigt hat.

Nach 1566 hörten die Bestattungen um die Kirche herum auf und erfolgten nur noch auf dem neu angelegten Friedhof draußen vor der Stadt. In Ausnahmefällen wurden herausgehobene Persönlichkeiten aber auch später noch in der Stadtkirche beigesetzt.

Südlich der Frauenkirche steht die **Alte Handelsschule**. Sie ist als »städtische Knabenschule« im frühen 16. Jahrhundert auf den Mauern eines Vorgängerbaues entstanden. Die Knabenschule bestand bis zum Jahre 1801, danach zogen die Handelsschüler ein. Zuletzt waren dort die städtische Bibliothek und das Kreislichtspielwesen untergebracht. Das hohe, steile Dach mit den Blendarkaden weist das repräsentative Gebäude als anspruchsvollen Renaissancebau einer kleinen Stadt aus. Ein sehr denkmalsverständiger, einheimischer Bauunternehmer erwarb das Gebäude, dessen Geschichte bis zum Jahre 1398 zurückreicht, und baute es in Abschnitten bis 1998 – sozial engagiert – zu Wohnungen um.

Es erwies sich, daß dieses attraktive Gebäude mit dem interessanten, gut erhaltenen Dachstuhl lange Zeit auch so etwas wie ein »städtischer Bauhof« war. Die straßenseitige Ostfront konnte 1997 wieder freigelegt und farblich nach den Befunden »gefaßt« werden. Die »Blendarkaden« sind in Ziegeln als »Backsteinmauerwerk« erbaut worden und erhielten mehrere farbige »Fassungen«, bei denen die Fugen weiß nachgezogen wurden. Vergleiche dazu gibt es mit dem Grimmaer Schloß-Nordgiebel, den (jetzt verputzten) Giebeln des Trebsener Schlosses, dem Rathaus und Kloster in Mühlberg, dem Altenburger Margarethenkloster ... Der gotische Backsteinbau war auch unserer »Stein-Region« nicht fremd, aber hier weniger verbreitet und dementsprechend kostbar. Im Dachgeschoß des einstigen Jakobs-Hospitals am Pappischen Tore sind die Ansätze eines Backsteingiebels vorhanden und sicher auch an anderen Orten bauarchäologisch nachweisbar, denn nur mit diesem Baustoff ließen sich die filigranen Giebel ausführen, für die woanders teurer Werkstein einzusetzen war. An den Gebäudeecken kann man zehn dekorativ gestaltete Steine und Steinfragmente finden, die beim Umbau von 1621 zur Stabilisierung der Eckverbände eingefügt worden sind: Es handelt sich um alte Grabsteinreste, die anfielen, als hier nicht mehr bestattet wurde. Der Friedhof ist seit 1238 bekannt und wenigstens bis nach 1550 belegt.

Nach Abriß des Kirchnerhauses Anfang der 1980er Jahre wurde die Westfront der Frauenkirche hervorgekehrt und der Blick auf den **Leipziger Platz** frei. Er könnte nach seiner Lage zur Frauenkirche wie zum Leipziger Tor durchaus Grimmas erster Markt gewesen sein. Jedenfalls kann man sich gut vorstellen, daß der Verkehr von hier zum Fährtor und zur Mühlinsel führte, dort den Fluß überschritt und dann den »Fährgrund« oder »Langen Grund« weiter benutzt hat.

Das eindrucksvollste Bauwerk am Leipziger Platz ist die Schmiede Meister Wittigs, die **Nr. 7**, mit den schönen Andreaskreuzen in der Front. Als das prächtige Fachwerk beim Abputzen des Hauses zu Beginn der 1980er Jahre zum Vorschein gekommen war, ließ der traditionsbewußte Schmiedemeister sein Haus nach denkmalpflegerischen Prinzipien restaurieren. Es wird angenommen, daß dieses Gebäude aus der Zeit vor dem 30jährigen Krieg stammt. In der Werkstatt unterhielten Vater und Sohn bis vor kurzem das Schmiedefeuer und leisteten das, was Schmiede immer taten: allen helfen, denen etwas kaputt ging.

Die beiden Gebäude **Nr. 1** und **Nr. 4** wurden um 1850 erbaut. Die Grundrißlösung ist charakteristisch für die Zeit: Geschäft im Erdgeschoß, darüber Wohnungen und auf dem großen Hof Wirtschaftsräume.

Bei der »Restaurierung« Mitte der 1960er Jahre verlor das eine seine spätklassizistische Front und bekam jenen grauen Kratzputz und einen Friseursalon dahinter, während die »Drogerie Focke« weiter existierte und das verfallende Gesicht bewahrte.

Aus dem 20. Jahrhundert stammen die Gebäude **Nr. 5** und **Nr. 9**. Sie leugnen den Zeitgeist nicht, sind gute bauliche Leistungen, die durchaus anderes wollten und konnten als das Überkommene. Als Sperrgitter wurde bei »Möbel Friedrich« ein eisernes Gittertor aus der Werkstatt von Ferdinand Walther eingebaut; in den Medaillons sind Möbeltischler abgebildet.

Im Hof des 1991 modernisierten und zum Hotel umgebauten »Goldenen Schiffes«, **Nr. 6**, parkten einst die Wagen der mit Gespann angereisten Gäste. Darum stehen an der großen Toreinfahrt auch noch die Radabweiser aus Porphyrtuff. Kurz vor dem Ersten Weltkrieg wurde hier Grimmas zweites Kino eröffnet. Die »lebenden Bilder« faszinierten. Mit dem aufkommenden Fernsehen starb das Kino schon in den 50er Jahren. Bis nach 1990 befand sich da das Kreisarchiv. Der Hof wurde jüngst vom Hotel aus zu einer intimen »Sommer- und Freilichtgaststätte«, der alte Pferdestall zu einem stimmungsvollen Gastraum umgestaltet.

Vom Leipziger Platz zweigt die **Leipziger Straße** westlich ab. Hinter der **Nr. 1** verbirgt sich ein spätmittelalterliches Haus mit profilierten Balken möglicherweise aus dem 16. Jahrhundert. Der Hof wartet mit einer weiteren Überraschung auf, einem »aristokratischen Pferdestall«. Für die Pferde der Husarenkommandanten wurde hier in einem Seitengebäude ein Stall gebaut: weiß gefließt bis in Kopfhöhe der Pferde.

Nr. 5 mit der Jahreszahl 1772 im Portalschlußstein bietet ein instruktives Beispiel eines Ackerbürgergehöfts. Drei hohe Gebäude stehen an der einmündenden Weberstraße gestaffelt da. Sie enthielten einst Wohnhaus (Ecke Weberstraße), Stall und Nebenräume. Im Flur gibt es noch die Klappe, durch die Milch, Eier, Butter, Quark, sicher auch Obst und Gemüse, an die Stammkundschaft verkauft wurden. Diese Form des Handels war bis zur Einrichtung von Geschäften allgemein üblich. Auf dem Hof haben sich eine kleine Scheune und eine bescheidene Obergeschoßlaube erhalten. Noch kann man einen Eindruck von der Enge eines Ackerbürgerhofes gewinnen.

Gegenüber, in der **Nr. 4**, wurde um 1900 ein Wohn- und Geschäftshaus ganz modern eingebaut. Seine Fassade erinnert an Steinbaukästen.

Vom Leipziger Platz in Richtung Mulde stoßen wir vor der Töpferstraße auf die breite Gebäudefront des **Edeka Großhandels**. Über deren hofseitiger Haustür haben sich gekreuzte und bekrönte Gerbermesser als Hauszeichen und Hinweis auf die hier ansässigen Gerber erhalten. Wegen ihres »anrüchigen Gewerbes« lagen die Werkstätten der Gerber immer am Rande der Stadt und in Wassernähe. Heute erhebt sich als Eckgebäude zur Köhlerstraße ein **Speicher**, den die EDEKA ganz in Stahlbeton mit einem Aufzug erbauen ließ, der mehr als 60 Jahre einwandfrei funktionierte. Hier wurde für die Einzelhändler der Bohnenkaffee geröstet und gemahlen, hier sind alle Waren des kleinen Handels angeliefert und verteilt worden. Die Klinkerarchitektur empfand man in der Stadt lange als fremd. Nach 1990 konnte das moderne Lagergebäude keine Bedeutung wieder gewinnen. Doch ergab sich die Möglichkeit, es bei Wahrung des äußeren Bildes sinnvoll zu Wohnungen umzunutzen.

Gegenüber, in der **Köhlerstraße 1**, liegt der ehemalige Marstall. Am hohen Haus fällt an der Ostseite die »Katzentreppe« auf, auch »Stufengiebel« genannt. Spülstein und gotische Fensterdetails weisen das Gebäude als eines der ältesten der Stadt aus. Im geräumigen Haus war bis 1529 das »Kreuzhospital« untergebracht, eines der drei städtischen Spitäler. Danach wurde es städtischer Marstall. Dort lagen die Waffen, die im Belagerungsfalle an alle waffenfähigen Männer auszugeben gewesen wären, um die Stadt zu verteidigen. Im 18. Jahrhundert war es der Salzausschank, woran der Westgiebel mit seiner einstigen Aufzugsvorrichtung wie auch der stabile Dachstuhl erinnern.

Der unerläßliche Konsum von Salz war mit einer sehr hohen staatlichen Akzise belegt, jede Familie bekam ein bestimmtes Quantum zugemessen. Nicht nur zum Würzen, sondern vor allem zum Konservieren brauchte man das Salz. Die Versuche unter August dem Starken, anstelle verschiedener Steuern eine »Generalkonsumtionsakzise« in Sachsen einzuführen, scheiterten letztlich an den Vermögenden, die damit auch besteuert worden wären.

Vor dem verantwortungsvollen Umbau des Hauses mit den Mittelfluren wurden umfangreiche bauarchäologische Untersuchungen möglich. Sie führten zur Sensation: Das dreigeschossige Haus ist um 1230 erbaut worden und so »das älteste Hochhaus Sachsens«. Die eindeutigen Befunde weisen das von Anfang an steinerne Haus als eine Niederlassung des Templerordens in der schnell aufblühenden und landesherrlich protegierten Stadt aus. Das bezeugt auch die Geschichte, denn eine Urkunde aus dem Jahre 1222 spricht von einem Treffen des Markgrafen mit den Herren des Ordens. Mit dem gleichen Jahr konnte ein Rundbogen aus Rochlitzer Porphyrtuff im Hause datiert werden. Klar nachgewiesene Weihekreuze im heutigen Obergeschoß bezeichnen die Kapelle dieses Hospitals. Sie hatte an der Ostseite eine Altarnische, an deren Wand ein Altar stand.

Unter der Höhe des oberen, jetzt sichtbaren kleinen Fensters war eine außen umlaufende hölzerne Galerie, über die man einzelne Zimmer erreichte. Schon ein halbes Jahrhundert später erfolgte ein gotischer Umbau, von dem einige Baudetails mehr erhalten sind. Die Gründe der Niederlassung des christlich-weltlich orientierten Tempelherrenordens sind noch nicht geklärt, sie folgen aber der Bedeutung Grimmas als blühende, zeitweilige Nebenresidenz der Meißner Markgrafen am Flußübergang, den sie fest in der Hand hatten. Die Landesherrschaft behauptete sich gegen die in der Nähe ebenfalls kolonisierenden Merseburger Bischöfe und Magdeburger Erzbischöfe in Nerchau und Trebsen. Um 1530 kaufte die Stadt das

Gebäude und richtete darin den neuen Marstall ein. Die seit mehr als 100 Jahren bestehende Nutzung des auffallend hohen Gebäudes als Mietswohnhaus wird nach den umfassenden Modernisierungen fortgesetzt. Dabei handelt es sich um sehr umsichtig sanierte Sozialwohnungen.

In den Grundstücken **Töpferstraße 10** und **Nr. 12** konnten durch die damaligen Mitarbeiter des Museums wichtige Aufschlüsse über das städtische Handwerk und die städtische Kultur gewonnen werden. 1991 wurde vor Baubeginn ein Brunnen ausgegraben, der wertvolle Sachzeugen der Kultur enthielt, ferner fanden sich einige Töpferöfen, die heute wieder unter dem Beton sind. Hier arbeiteten – der Name besagt es – über Jahrhunderte Grimmaer Töpfer, Kacheltöpfer und Pfeifenmacher, wegen der Brandgefahr in einer Ecklage der alten Stadt. In den Öfen der Töpfer wurden riesige Mengen von Holz verbrannt, bis die Ware nach zweimaligem Brennen fertig war. Die Leistungen der Grimmaer Pfeifenmacher waren großartig, so wurden allein zwischen 1786 und 1806 etwa 6 bis 7 Millionen heller tönerner Tabakpfeifen hergestellt und exportiert, zu einem Großteil nach Holland. Hier ist erstmals in Sachsen auch farbige Keramik des 17. Jahrhunderts gefunden worden, die in einer Ausstellung des Heimatmuseums zu sehen ist.

Bei jedem Hochwasser in der Stadt steht das Wasser weit die Straße hinauf und hinterläßt dann »schlammige Andenken«. Die Lückenschließung von 1992, die endlich die »Löcher der Vergangenheit« beseitigte, verwischte leider den spätmittelalterlichen Eindruck der Straße mit den steilen, einander überragenden Giebeln, da wenig angepaßt gebaut wurde.

Großmühle und Baderplan

Die Töpferstraße führt muldewärts zur Großmühle. Als sogenannte Obermühle ist sie im 16. Jahrhundert bei allen Vorbehalten mit in die Stadtbefestigung einbezogen worden; die Niedermühle lag unterhalb des Schützenhauses. Wo jetzt das Jugendstil-**Sommerhaus** der Großmühleninhaber steht, wurden vor rund 100 Jahren die Stadtmauerreste beseitigt.

Die Großmühle ist eine der ältesten Mühlen in Deutschland, zumindest aber die älteste Sachsens. Die im kaiserlichen Auftrag handelnden Döbener Burggrafen waren die ersten Mühlenbesitzer vor 1170, hier gab es einen Muldenübergang. Die Mönche des reichsten sächsischen Klosters in Altzelle bei Nossen besaßen die Mühle von 1194 bis 1500. Als die Grimmaer Augustinermönche mehr und mehr zu Reichtum gekommen waren, kauften sie die Mühle, um sie zu verpachten. Nach der Reformation besaß die Stadt die Mühle von 1534/40 bis 1848, als sie diese an den Müller Krätzner verkaufte. Seit 1876 war die Mühle über Generationen hin im Besitz der Familie Gleisberg, sie wurde 1964 teilweise verstaatlicht und 1972 »volkseigen«, die Reprivatisierung erfolgte 1991. Nach dem Verkauf wurde die Mühle demontiert, die Walzenmühle verkauft und die Nutzung auf das Erzeugen elektrischen Stromes beschränkt. Im gelben Klinkerbau des ehemaligen Pferdestalles fand der Ruderclub eine Heimstatt.

Teilweise liefen bis zu elf Wasserräder am Ufer und auf der Insel. Getreide-, Brett- und Ölmühlen gab es hier, ebenso eine Tuchwalke, in der die angesehene Zunft der Grimmaer Tuchmacher das frische Gewebe bearbeiten ließ; durch Klopfen verfilzten die Fäden, und eine große Festigkeit des Gewebes entstand. Wiederholt verwüsteten Hochwasser (1771, 1894, 1954, 1974) und Kriege (1644) die Mühle, Brände kamen hinzu (der letzte 1924). Spät wurden die in der Höhe verschiebbaren »Pansterräder« durch Turbinen ersetzt (1884, 1935). Die Turbinen von 1935 laufen seitdem ununterbrochen und bringen mehr Strom, als der Betrieb benötigt. Hier bestand von 1952 an das einzige private Museum der DDR, und über Jahrzehnte repräsentierte Dr. Hermann Gleisberg damit den Staat in der internationalen Kulturorganisation der UNO–ICOM. Die Bestände des einzigartigen Mühlenmuseums gingen durch Verkauf nach Bernburg. Dort wurden sie von den Saalemühlenwerken dem Museum übergeben und fast vollständig in die stadtgeschichtliche Dauerausstellung im Schloß eingefügt.

Das Gebäude der alten **Roggenmühle** ist einer der wertvollsten sächsischen Manufakturbauten mit einer palastartigen Gliederung durch Halbsäulen mit Basen und Kapitellen aus Porphyrtuff. Bis zum massenhaften Einsatz von Dampfmaschinen konzentrierte sich die ganze Grimmaer Produktion, die viel Kraft brauchte, an dieser Stelle. Vom nahen Floßplatz wurde das Schnittholz direkt an die Gatter der Brettmühle geliefert. Der Ziegelrohbau des großen Silos ist nach dem Mühlenbrand von 1924 errichtet worden.

Am ehemaligen Mühltor zwischen den Mühlengebäuden sowie am ehemaligen Fährtor ausgangs der Töpferstraße zur Mulde hin sind heute noch »U-Profile« von Stahlträgern, wo im Hochwasserfall oder bei Eisgang Sperrbalken eingesetzt werden können, die den ersten Andrang des Wassers bremsen. Durch Schleusen dringt das Wasser dann verzögert in die Stadt ein. Das Mühltor wurde 1595 angelegt, um einen besseren Zugang zur Straße nach Colditz zu erhalten, die damals am »Knöchel« vorbeiführte, dem Felsen an der Hängebrücke. Das Tor bestand bis zum Niederlegen der Stadtmauer und bis zur Aufhebung des Torschreiberdienstes 1819.

Die Mühlstraße abwärts folgt der **Baderplan**. Dort dominiert die Nr. 1, die **Superintendentur**: Ehe die Zisterzienserinnen aus Torgau ihr Kloster Nimbschen beziehen konnten, lebte der erste Konvent kurzzeitig hier und hat eine Kapelle erbauen lassen. Das Gebäude blieb bis zur Auflösung des Klosters Nimbschen die städtische Niederlassung der Zisterzienserinnen. Im Keller der Superintendentur wurde durch den Stadtarchäologen der romanische Grundriß ergraben. Die Kapelle konnte in den letzten Jahren vollständig rekonstruiert werden. Als **»Elisabethkapelle«** wird sie seit 1999 vielfältig für anspruchsvolle Veranstaltungen genutzt. In diesem Raum erkennt man unschwer den romanischen Triumphbogen, hinter dem – heute außen und hinter der jetzigen Stadtmauer – die veränderte Apsis lag. Die nördliche Seitenwand hat einen »einfachen Stützenwechsel«: eine Säule und zwei Pfeiler tragen mit Vorlagen gotische Bögen, die weit in das heutige Erdgeschoß hinein ragen. Die Kapitelle und Eckblätter der Säulenbasis ermöglichen eine Datierung um 1230. Aller Wahrscheinlichkeit nach wurde die Porphyrtuff-Säulenbasis durch ein Erdbeben im 14. Jahrhundert zerdrückt. Südlich, wo sich jetzt der Garten erstreckt, lag ein kleiner Kreuzgang. Nördlich der Kapelle befindet sich ein großer, tonnengewölbter Nebenraum. Aus der klösterlichen Niederlassung entstand die landeskirchliche Verwaltung, und auf den alten Mauern wurde das barock aussehende Gebäude um 1810 erbaut. Hier befindet sich der größte der Grimmaer Bürgergärten. In der hohen Mauer erhielt sich ein leider verstümmeltes spätgotisches Sitznischenportal.

Gegenüber liegt mit der Nr. 2 die **Alte Baderei**. Seit der umfassenden bauarchäologischen Untersuchung steht fest, daß es kaum ein aussagekräftigeres Gebäude einer Baderei in Deutschland gibt, angefangen beim Nachweis einer Fußbodenwarmluftheizung des 15. Jahrhunderts im Erdgeschoß des Hauses über zwei Schwarze Küchen bis zur Kontinuität an Keramik seit Beginn der Stadt Grimma. Das Gebäude war die letzten Jahre unbewohnt, und 1990 begannen die ersten Maßnahmen, das repräsentative Haus zu retten.

Der Bader war ein Tausendsassa, der neben Baden auch Haarschneiden, »Zahnbrechen«, Schröpfen (mit Blutegeln oder »Schröpfköpfen«), zur Ader lassen und bescheidene chirurgische Eingriffe machen konnte. In vorreformatorischer Zeit konnten Reiche »Seelenbäder« stiften, so daß dem Toten zu Ehren auch Arme die städtischen Badestuben besuchen konnten. Am Eingang war jede Waffe abzugeben, und der Kurzweil halber waren die doppelsitzigen Badezuber von verschiedenen Geschlechtern gleichzeitig zu benutzen. Die mittelalterlichen Badefreuden endeten jäh, als aus Italien und aus Frankreich ansteckende Krankheiten eingeschleppt wurden. Von da an gingen Badekultur und -kult schnell zurück. Man begann sich mit kosmetischen Mitteln zu behelfen, verzichtete sogar oft auf das Bad im Wildwasser – bis auf das Kurbad, das aber mit dem eigentlichen Baden nicht immer zu tun haben mußte.

Durch die frühere Badergasse, heute die Urbaniakstraße, erreichten alle Fuhrwerke, die das Pappische Tor passiert hatten, den ehemals viel größeren Baderplan, der in der älteren Literatur als der alte Markt angesehen wird. Nahe des Muldenüberganges siedelten sich hier Schmiede, Stellmacher, Sattler, Gastwirte und Vorspanndienste leistende Bauern an.

In der Paul-Gerhardt-Straße

Nach Norden schließt sich die breite Paul-Gerhardt-Straße an, die bis ins 20. Jahrhundert hinein Kirchgasse und vorher »alter Jahrmarkt« hieß. Letzterer geht auf das Privileg der Grimmaer Augustinermönche zurück, auf der ehemals breiteren Straße, die im ausgehenden 15. und auch noch im 16. Jahrhundert eine bevorzugte Wohngegend war, mehrmals jährlich Jahrmärkte abzuhalten, deren Gewinn ihnen zukam. Das mönchische Ideal hatte sich im Laufe einiger Jahrhunderte deutlich gewandelt. In der Spätzeit des Augustinerklosters hatten die Mönche erstaunlichen Besitz durch Schenkung, Stiftung und Kauf zusammengebracht. Zu ihren Finanzquellen gehörte auch das »Vermieten von Komfortwohnungen auf Lebenszeit«. Die Jahrmärkte vor der Klosterkirche waren in der Regel örtliche Jahrmärkte, bei denen das gekauft wurde, was die Menschen der Umgebung benötigten, die Fernkaufleute des 13. Jahrhunderts kamen nicht auf diese Märkte in Grimma.

Vor allem der letzte entsetzliche Stadtbrand von 1757 (vorherige verheerende Brände waren 1433 und 1556) hatte die Konsequenz, daß die Straße neu bebaut wurde, das heißt, die nun meist »versteinerten Häuser« sind nicht einfach auf den alten Fundamenten wieder aufgebaut, sondern mit dem First zur Straße gestellt worden. In kleinen Buchten standen öffentliche Laufbrunnen, an denen sich jede Familie das nötige Trink- und Brauchwasser holen konnte.

Das bekannteste Grundstück in der Paul-Gerhardt-Straße ist Nr. 15, das **Stollehaus**. Nach den Befunden aus dem späten 18. Jahrhundert ist es Mitte der 1980er Jahre rekonstruiert und mit einer verbürgten Farbigkeit versehen worden. Dazu gehört, daß eine Gliederung aufgemalt wurde mit Licht- und Schattenkanten an den »Spiegeln«.

Ferdinand Stolle, eigentlich Ferdinand Anders, nach dem Namen der Pflegeeltern als Pseudonym gewählt, war die überragende literarische Figur Grimmas in der

Mitte des 19. Jahrhunderts. Der streitbare Publizist und Schriftsteller kam mit dem Verleger Philippi in die seit langem buchdruckerisch namhafte Stadt Grimma. Er hatte in Leipzig mit dem Stadtrat wegen seiner kritischen Äußerungen unüberbrückbare Differenzen, die in Strafandrohungen gipfelten. Grimma besaß seit 1813 eine Zeitung, und die Menschen waren absolut lesehungrig, wobei damals bereits Abenteuerliteratur und nicht Weimarer Klassik bevorzugt wurde. In einem großen Zyklus schrieb Stolle »historische Romane«, von denen »Die deutschen Pickwickier« für den historisch interessierten Grimmaer noch lesenswert, weil höchst aufschlußreich, obendrein amüsant sind. Sehr anschaulich werden die Grimmaer Verhältnisse der Jahrhundertmitte geschildert, insbesondere, wie Teile des Bürgertums gegenüber dem Adel mündig werden. Analog zu den Listen der verfremdet in den »Buddenbrocks« auftauchenden Personen in Thomas Manns Heimatstadt Lübeck gab es auch solche Listen in Grimma: Wer wurde von Stolle wie geschildert? Den Zeitgenossen waren Verhältnisse und Personen sowieso geläufig, uns macht es Lächeln, und wir würden auch nicht anders handeln.

In vielen Beiträgen von Zeitungen und Zeitschriften nahm Stolle als »Menschenfreund« zu den Problemen und Turbulenzen der Zeit Stellung, und schwankend wie die Meinung der Zeitgenossen zu den Revolutionen von 1830/31 und 1848/49 war auch seine Haltung. In seinem Wochenblatt »Der Dorfbarbier« z. B. setzte er sich mit den ewig Gestrigen der Zeit auseinander. In der damals beliebten Dialogform gibt es Gespräche des (Stolle sehr ähnlichen) Dorfbarbiers mit einem konservativen, pensionierten General von Pulverrauch. Zusammen mit dem Freund Alexander Keil aus Bad Langensalza gab Stolle später die »Gartenlaube« heraus, aus der »die deutsche Familienzeitschrift« wurde. Jedem, der die **Stolle-Gartenlaube**, das Mauerhäuschen mit Muldeblick hinter dem schönen Garten des Hauses, besucht, leuchtet ein, daß die Idee dazu in Grimma geboren worden ist.

Der große Stern vor der barocken Haustür von **Nr. 25** weist das Haus als Wohnhaus eines Steinsetzers aus. Es ist ein ausdrucksvolles kleinstädtisches Wohnhaus mit einer großen Obergeschoßlaube im Hof. Noch in diesem Jahrhundert waren dort Wohnungen, wo heute Wäsche trocknet und wo noch bis 1992 die Wäsche »gerollt« worden ist. Die enge Hofbebauung macht zusammen mit den immer individuell gestalteten Gärten den Reiz dieser Häuser aus. Unter einer mächtigen Linde und die Stadtmauer hindurch kann man in die Muldenaue gelangen.

Nahe dem Stollehaus befindet sich **Nr. 29**, herausgehoben aus dem Straßenbild durch das Renaissance-Sitznischenportal mit der »Werbung« für einen Goldschmied: Krone, Kette und Kelch. Nur die später eingeschlagene Jahreszahl stimmt nicht, sie bezieht sich auf einen Umbau. Auch hier gibt es eine Hofbebauung und einen gepflegten Hausgarten.

Fast gegenüber liegt **Nr. 26**, das »Abendrothsche Freihaus«. Es unterstand wie die anderen seiner Art nicht städtischer, sondern landesherrlicher Gewalt. Die Fassade ist eine bescheidene Lösung aus dem frühen 19. Jahrhundert, der Kösserner Rittergutsbesitzer war mit diesem Haus in der Stadt zufrieden.

Die **Nr. 31** ist eines der »Professorenhäuser«: Die Lehrer der Landesschule wurden nach einer Zeit erfolgreichen Arbeitens zu »Professoren«. Nicht alle auswärtigen Schüler waren im noch lange mönchisch geführten Wohnheim, dem Alumnat. Finanziell besser gestellte Eltern konnten sich für ihre Kinder eine private Unterkunft in einem solchen Professorenhaus leisten. Hier handelt es sich um ein »bescheidenwohlständisches« Wohnhaus der Zeit um 1800. Heute liegt der Hauseingang auf der Rückseite; der Hausgarten ist großzügiger als benachbarte angelegt.

Mit einer Außenwand auf die Stadtmauer wurde die Nr. 43, Grimmas **Heimatmuseum**, gesetzt. Darum ergab sich für die ehemalige städtische Mädchenschule, die man um 1840 aufstockte, ein großer Garten vor und nicht hinter dem Haus. Die Sammlung des Museums ging aus einer Altertümerausstellung des Jahres 1900 hervor, und mit diesem Fundus wurde es 1901 eröffnet. Es hat für ein Heimatmuseum eine riesige, vielschichtige Sammlung, dabei dominieren die stadtgeschichtlichen Objekte neben volkskundlichen und verschiedenen anderen meist sehr reichhaltigen Materialsammlungen. Nach umfassender Rekonstruktion des Hauses wurden die nach 1990 erneuerten Ausstellungen wieder aktiviert und teilweise neu gestaltet. Es wird im Museum ein Abriß der Stadtentwicklung unter kultur- und wirtschaftsgeschichtlichen Aspekten gezeigt. Die Geschichte der benachbarten Landesschule spielt neben den Handwerken eine besondere Rolle. Mehrere Interieurs lockern die Ausstellung auf. Es gibt hier eine vollständige Sammlung der örtlichen Zeitungen von 1813 an sowie einen umfassenden Bestand an Fotografien zu verschiedenen Themen. Die Bibliothek des Museums umfaßt 10 000 Bände aus insgesamt 400 Jahren.

Hier am Heimatmuseum, angesichts der Klosterkirche, geht die Ober- in die jüngere Unterstadt über. Doch es lohnt, noch in der Oberstadt zu verweilen.

Bummeln in der Oberstadt

Wer von Grimma noch mehr kennenlernen möchte, weniger Auffälliges, aber genauso Interessantes, der kann noch ein wenig kreuz und quer durch die Oberstadt bummeln. Die Wege sind kurz, da die Stadt ja ein Raster des späten Mittelalters hat: Die parallelen Straßen sind durch Gassen verbunden, manche davon krumm durch die vorangegangene Bebauung, wie sich an mehreren Stellen dem Stadtarchäologen zeigt. Die Gassen und Straßen sind mit blauem Großpflaster vom Hohnstädter Hengstberg gepflastert, freilich großenteils von Asphalt überdeckt, der in den letzten Jahren aufgetragen wurde. Die Straßen haben »Trottoire«, die aus bestem Lausitzer Granit angefertigt und nach und nach verlegt wurden. Dazu hatten die

Bürger nach 1850 eine eigens angelegte »Kasse«, in die alle Hausbesitzer einzahlten. Mit der Zeit wurden so alle Straßen mit Fußwegplatten belegt, eine Eigenheit sächsischer Städte. Dem gingen seit dem 18. Jahrhundert einzelne Pflasterungen mit Muldenschotter voraus, der auf Kähnen aus der Nimbschener Aue herangefahren und ab Floßplatz in der Stadt verteilt wurde. Da diese Kiesel aus dem Westerzgebirge durch die Mulde hierher transportiert worden sind, wandelt der Grimmaer auf Achaten, gelegentlich auch auf Amethysten, die jedoch durch den Transport verrollt und so schwer erkennbar sind. Ein Schlammpanzer schützt heute die Edelsteine im Muldenlauf vor »Schatzsuchern«.

Das Mittelalter kannte Pflasterungen kaum, Fußgänger und Haustiere teilten sich die Straße, und Abwasser lief allein ab – irgendwohin. Man half sich oft, indem man als Wohlhabender gestelzte Pantoffeln, »Trippen«, über den Schuhen bzw. Stiefeln als Überschuhe trug. Kam »Staatsbesuch«, wurde aufgeräumt und oft auch Stroh gestreut, das dann mit im Morast versank. Hygienische Anstrengungen der zweiten Hälfte des 19. Jahrhunderts veränderten nicht nur das Bild, sie brachten auch eine enorme Verlängerung des Lebens vieler Menschen.

Zwischen Paul-Gerhardt-Straße und Langer Straße verläuft die **Lorenzstraße**, jeweils ein kurzes Stück in die Unter- und Oberstadt hinein. Die Lorenzstraße erinnert an den Professor an der Landesschule, der als Stadtchronist tätig war und die Urkunden und Quellen zur Stadtgeschichte auswertete. Seine 1856–70 erschienene Arbeit »Die Stadt Grimma im Königreiche Sachsen, historisch beschrieben« setzte Maßstäbe für Deutschlands Geschichtsschreibung, denn die Grimmaer Stadtchronik ist die erste, die nicht nur Fakten festhielt, sondern sie auch erklärte und in Zusammenhänge mit der Landes- und Kulturgeschichte brachte. Am Haus **Nr. 15**, in dem Christian Gottlob Lorenz wohnte – ein Stück in die Unterstadt hinein –, wurde eine Gedenktafel angebracht.

Davor, wo noch eine Baulücke klafft, war ehemals die Nr. 19, lange Zeit Poststation von Grimma und bis vor einem Jahrzehnt »Webers Gut«, der attraktivste Akkerbürgerhof der Stadt; Anfang des vorigen Jahrhunderts ist er noch einmal umgebaut worden. Eine große Halle wies auf ein hohes Alter, doch die Wandmalereien des 15./16. Jahrhunderts konnten Mitte der 1980er Jahre nicht einmal dokumentiert werden, als man das Haus nach jahrelanger Verwahrlosung abriß. Die Wandmalereien mit Pflanzenmotiven waren einzigartig für Westsachsen und hätten mit Görlitzer Beispielen konkurrieren können. Durch sehr engagierten Einsatz konnte aber ein noch älterer Schatz gerettet werden – der Rest eines **Wohnturms**. Leider wurde dieser einmalige Schatz der Stadtgeschichte bis heute nur notdürftig gesichert. Wohntürme waren eigene Befestigungen vermögender Adliger innerhalb der Stadtmauer. Nach einem Bild des 18. Jahrhunderts zu urteilen, hätten sich die beiden Grimmaer Wohntürme durchaus mit solchen von Regensburg messen können. Eine Säule im Erdgeschoß, die das Kreuzgratgewölbe trägt, stammt aus der Renaissance, und zur Augustinergasse hin ist ein Blindfenster aus dem Barock noch zu erkennen. Der unmittelbar daneben liegende Keller ist romanisch.

Auf der Kreuzung der Lorenzstraße mit der Kreuzstraße ergibt sich ein reizvoller Blick auf die Westfront der Klosterkirche, die ihren Stufengiebel wieder erhielt. Die Kopie des alten Gipfelkreuzes schmückt den getreppten Westgiebel. Die gestohlene Eichentür des Westportals ist aber unwiederbringlich dahin und muß durch eine moderne ersetzt werden. Am rechten Eckgebäude **Nr. 2** fällt einer der zahlreichen Schlußsteine aus Porphyrtuff über der Haustür auf: Bauherr war ein Gerber, wiederum erkennbar an den beiden gekreuzten Gerbermessern und dem runden Polierstein aus Achat, womit feinen Lederwaren ein hoher Glanz verliehen werden konnte.

Vor der Einmündung der **Urbaniakstraße** (Badergasse) begann vor Jahren eine maßvolle Sanierung von Häusern aus dem 18. und 19. Jahrhundert. Im hohen Eckgebäude **Nr. 1** war die »Fröbligsche Privat-Töchterschule«.

Naturfreunde erfreuen sich an der prächtigen Kastanie in der Urbaniakstraße. Grimmas Altstadt ist reich an Obst- und Waldbäumen. Romantisch Gestimmte werden die vielerorts noch mittelalterlich anmutende Hofbebauung bewundern – wer dort wohnt, sieht es oft ganz anders.

Durch die Stollegasse gelangen wir in die **Frauenstraße**, die ehemalige »Judengasse«. Wo Nischen sind, wie an der Rückseite der Adlerapotheke, die durch den weiblichen Gingkobaum auffällt, standen oft die städtischen Rohrtröge. Zu Lorenz' Zeit gab es 26 städtische und 28 private Wassertröge in der Stadt. In den Jahren 1841/44 wurden sie aus Sandstein anstelle hölzerner Vorgänger aufgestellt. Außerdem hat es in Grimma 52 funktionierende Hausbrunnen gegeben. Über wenigstens drei Holzwasserleitungen wurde die Stadt ausreichend mit Trink-, Brauch- und Brauwasser versorgt.

In **Nr. 37** der Frauenstraße richtete Georg Joachim Göschen bald seine neue Druckerei ein. Die hohen Fenster des Erdgeschosses sind damit erklärbar, daß hier die Druckerpressen standen. Erst in den 1860er Jahren kamen die neuen Rotationsdruckpressen auf, bis dahin wurde mit den Kniehebeldruckpressen gearbeitet, wie sie seit Gutenbergs Zeiten üblich waren. Nach Göschens Tod holte der bei der Herausgabe von Klassikerwerken letztlich erfolgreichere Verleger Cotta die gesamte Werkstatt nach Tübingen ab.

Mit der maßvollen Rekonstruktion des Renaissancehauses **Nr. 31** setzten sich 1985 die Maurer der »Zwischengenossenschaftlichen Bauorganisation Otterwisch« ein Denkmal des vernünftigen Umgangs mit alter Bausubstanz. In der Fassadengestaltung sind zwei verschiedene Farbfassungen erkennbar. Das etwas zurückliegende Sitznischenportal aus spätgotischer Zeit mit Datierung fällt jedem aufmerksamen Betrachter auf.

Ähnlich interessant wie die Frauen- und Lorenzstraße ist auch das System der **Weberstraße** und Schulstraße jenseits der Langen Straße. Durch die Braugasse und die Gerber- bzw. die Tuchmachergasse gelangt man leicht dorthin, in die westliche Oberstadt, den alten Bezirk der »Textilbranche«. In Grimmas wirtschaftlicher Blütezeit war die Tuchmacherei wichtigstes Exportgewerbe der Stadt. Die Tuchmacher verarbeiteten gesponnenen Flachs zu Leinen, die Wollweber hingegen versponnene Schafwolle zu Tuchen. Luther bekam einst vom Kurfürsten ein Stück »Grimmisch Tuch« geschenkt und soll es abgelehnt haben, da es ihm zu kostbar gewesen sei und den hohen Herren vorbehalten wäre.

Von der einstigen Herrlichkeit zeugt in der Weberstraße heute wieder die **Nr. 32**, das Zunfthaus der Weber. Hier wurde über alle internen Probleme entschieden: über Materialfragen, Lehrlingsausbildung bis hin zum Besuch ausländischer Messen und Märkte. Kreuzgratgewölbe und Brettbaluster an der Treppe

zeichnen das Gebäude als anspruchsvolles Barockhaus aus. Seine praktische Rekonstruktion begann im Frühjahr 1999 nach umfangreichen Untersuchungen. Die Obergeschoßlaube auf der Rückseite wurde zuerst rekonstruiert. Ungleich mehr Mühe verursachte es, das Fachwerk des freistehenden Giebels mit dem ehemals vorhandenen Ladebaum zu rekonstruieren. Durch die verständnisvolle und denkmalpflegerisch sehr engagierte Haltung des Eigentümers wird auch im Inneren so schonend wie maßvoll verfahren. Die Bausubstanz reicht vom 16. bis zum 19. Jahrhundert. Im Hinterhaus wurde in den 1850er Jahren der erste Grimmaer Kindergarten eingerichtet. Unweit davon befinden sich in äußerlich unauffällig umgebauten Gebäuden die Buchhandlung »Bücherwurm« und daneben das Fachgeschäft »Holzwurm«, auf dem Hofe dahinter ein kleines Café.

Vom prächtigen spätgotischen Haus Nr. 48, dessen steiles Dach eine Dominante der Stadt war, ist nur das **Sitznischenportal** übriggeblieben, das in die Nachbarhauswand, jetzt versteckt hinter Grün, eingefügt worden ist. Eine Tafel erinnert an das 1557 nach Stadtbrand errichtete, 1965 abgebrochene Doppelhaus.

Klosterkirche und Landesschule

Um 1290 kamen aus Gotha die ersten Augustinermönche, und zwar »Augustiner-Eremiten«, in die rasch aufstrebende Stadt Grimma. Ihr Orden war erst kurz zuvor, 1256, gegründet worden und hatte einen deutlich abweichenden Ornat erhalten – schwarzer Mantel mit langer Kapuze und Gürtel. Ihre Ideale sahen die Augustiner in den Regeln des nordafrikanischen Kirchenvaters Augustin (354–430), der 1295 mit päpstlichem Segen heilig gesprochen worden war und mit seinen Lehren ganze Perioden der Kirchengeschichte in Mittelalter und Neuzeit bestimmte.

Die Augustinermönche waren zunächst solche, die sich mit Betteln in den reichen Städten ihren Unterhalt verdienten. Doch ihre Ideale kollidierten bald mit der Zeit, nach und nach entwickelten die Mönche einen großen Geschäftssinn, bis hin zum Kauf von Grundstücken und zur Vergabe von Darlehen. Aber auch Schenkungen waren ihnen sehr willkommen! So hatten die Augustinermönche im frühen 16. Jahrhundert in Grimma sehr großen Landbesitz erlangt.

Verantwortlicher für die Ordensprovinz Deutschland war innerhalb des Augustinerordens bald nach 1510 Martin Luther geworden, der nach Grimma kam, um die Regelmäßigkeit in allen Dingen zu überprüfen. Acht oder zehn Mal ist er deshalb in der Stadt gewesen und hat meist in der Klosterkirche Gottesdienst gehalten, da zunächst an eine Auseinandersetzung wie die Reformation nicht zu denken war. Zur ersten Visitation kam Luther 1516 zusammen mit dem in Colditz geborenen Wenzeslaus Linck und dem ihm ebenso freundschaftlich verbundenen Johann von Staupitz. Während eines längeren Aufenthaltes der Visitatoren in Grimma hörte Luther durch Staupitz, daß der außerordentlich geschäftstüchtige Dominikanermönch Johannes Tetzel in Wurzen Ablaß verkaufe. Danach soll er gesagt haben, er wolle ein Loch in die Ablaßpauke machen. Das Problem bestand zu damaliger Zeit schon sehr lange als sozialer Mißstand, hatte sich doch bereits Walter von der Vogelweide darüber empört, wie religiöse Bedürfnisse zu Geschäften erniedrigt wurden.

Nach 1500 war Grimma noch eine wohlhabende Stadt, von der Philipp Melanchthon schrieb, er wolle in Grimma gern leben, wenn er nur eine passende Geselligkeit hier hätte. Es war der alte Melanchthon, der von kleinlichen Zänkereien in Wittenberg mehr als genug abbekommen hatte, wenn er sich auch nie daran beteiligte. Im Besitz der Landes-, damaligen Grimmaer Oberschule befanden sich noch zu Beginn der 1950er Jahre fünf verschiedene Melanchthon-Briefe, in der Mitte der 1960er Jahre war nur noch die leere Blechkapsel davon übrig! Auch die anderen Schätze der Schule wurden in alle Winde zerstreut.

Der Bau des Klosters und der zugehörigen **Kirche** gingen schnell vonstatten, nachdem die schwarzen Mönche von den Zellaer Zisterziensern Bauland am Muldenufer erworben hatten. In den Jahren 1287–90 gewährten überall in Europa 15 Bischöfe denen Ablaß, die den Bau des Grimmaer Klosters unterstützen oder zur neuen Klosterkirche wallfahren würden. Die nötigen Steine brach man einfach am anderen Flußufer, und 1290 war der Bau soweit, daß Kloster und Kirche genutzt werden konnten. Aber ein Hochwasser von 1315 zerstörte die Kirche wieder teilweise, so daß ein stabilerer Neubau erfolgte. Das Kloster muß floriert haben, denn bereits 1358 und 1360 kauften die Mönche Waldstücken. Nach einer Brandkatastrophe von 1430 erfolgte ein neuer Aufbau der Klosterkirche. Die Eingriffe nach der Reformation wandelten das Bild der Kirche grundsätzlich – der Lettner, die Chorschranke, fiel, und eine Empore wurde eingebaut (1550). Die Stadt, der von Herzog Moritz das gesamte Kloster 1539 geschenkt worden war, ließ nicht nur neun Altäre abreißen, sondern begann in der »Neuen Kirche« sonntägliche Gottesdienste einzuführen. Zur Einrichtung der dritten Landesschule gab die Stadt die Kirche und das Kloster 1549 an den Landesherrn zurück.

Nachdem sie fast nicht mehr benutzbar war, wurde die Kirche 1684/86 instand gesetzt, unter anderem eine neue Zwischendecke eingezogen. Das gotische Gewölbe war herausgeschlagen worden, da Luther sich über die Akustik beklagt und von der Kirche als einem »Brustbrecher« gesprochen hatte. Die bis zuletzt erhaltenen Emporen wurden damals eingebaut, auch die jetzt ausgebaute, aber noch vorhandene Kanzel eingefügt, neuer Fußboden verlegt und störende Einbauten beseitigt. Weitere Restaurierungen gab es noch 1822 und 1840.

Das Ende der Kirche begann, als die Dresdner Denkmalpflege 1952 der Stadt mitteilen mußte, daß im Dachstuhl Hausschwamm deutlich sichtbar war. Es dauerte bis 1989, daß das Dach mit den Zwischendecken endgültig in das Schiff stürzte. Der Reihe von Mißachtungen und mutwilligen Zerstörungen steht als Parallele das Ende der Nicolaikirche 1888 gegenüber. Die Gesellschaft war nicht in der Lage, das »Problem Klosterkirche Grimma« zu lösen. Dank traditionsbewußter ehemaliger Fürstenschüler aber erregte die »werdende Ruine« der Klosterkirche internationale Aufmerksamkeit, und einige Aussichten zu ihrer Rettung eröffneten sich. Wichtigste Impulse, die in der Konsequenz hilflos waren, gingen vom Bürgermeister Paul Höhle aus. Im Sommer 1992 wurde der noch mit DDR-Mark bezahlte stählerne Dachstuhl aufgesetzt. Es schlossen sich alle nötigen Arbeiten zur vollständigen Sicherung an. Leider wird der Raum bisher nur sporadisch für Veranstaltungen und Ausstellungen genutzt. Die Chance der Vorbereitungszeit auf die beiden großen Jubiläen der Stadt im Jahr 2000 konnte nicht zu einer grundsätzlichen Lösung genutzt werden. Die Stahlbinder schließen eine Rekonstruktion des hölzernen Dachstuhles oder der ersten Wölbungen aus, wenn auch seit der »Wende« ganz andere Lösungen möglich wären. Auf jeden Fall muß eine flache Decke eingefügt und auf eine Nutzung des Dachraumes wie Einwölbung verzichtet werden. An diese Gebäudesicherungs-Arbeiten schloß sich ein solider Außenputz an. Durch die unterschiedlichen Farbigkeiten an den Fensterleibungen und die Verwendung verschiedener Porphyre kann man Bauphasen der Klosterkirche ablesen. An der südlichen Seitenwand stand in vorreformatorischer Zeit neben der rundbogig gewölbten Durchfahrt in der Nische eine kleine Figur, die der Andacht der Vorübergehenden diente. Gleich daneben war ein Hals-Pranger, der solange funktionierte, wie das Straßenniveau deutlich niedriger war als heute.

Als im Jahre 1550 die **Landesschule** in Grimma als herausgehobene Bildungseinrichtung im säkularisierten Augustinerkloster mit den Erfahrungen Meißens und Schulpfortes – als Ersatz für den gedachten dritten Standort Merseburg – ins Leben gerufen wurde, standen aus der »Klosterzeit« insgesamt 40 Mönchszellen zur Verfügung, die aber wegen Baufälligkeit nicht alle benutzt werden konnten. Da 100 Schüler festgelegt waren, mußten die fehlenden Zellen im Gebäude errichtet werden. Die Baugeschichte der Landesschule erscheint als eine Folge permanenter Bausorgen und nicht immer redlicher Verwalter.

Der erste Rektor der Landesschule war Adam Siber, ein berufener Pädagoge, der auch als Humanist und neulateinischer Dichter einen Namen hatte. Er engagierte sich vielseitig, bis hin zum Aufstellen einer Schulordnung für Sachsen, die auch vorbildlich für Deutschland war und mit der württembergischen korrespondierte. In den fünf Jahren ihres Daseins an der Landesschule erlangten die Alumnen eine einzigartige Bildung, die die meisten als Voraussetzung zum Universitätsstudium in Leipzig nutzten.

Anfangs hatten die Lehrer in der Nähe der Schüler zu leben, je einer bei den Schülern zu schlafen. Das Schulleben war zunächst dem eines Klosters sehr ähnlich. Die Schule war mit dem Kloster Nimbschen als »Vorwerk« ausgestattet worden, hinzu kamen die Erträge an Geld und Naturalien aus dem Zisterzienserkloster Buch bei Leisnig. Alles zusammen reichte aber keineswegs aus, die materiellen Grundlagen der Landesschule zu sichern. In der Stadt war die Haltung zur Schule zuerst zwiespältig, da man dachte, aus dem Kloster Geld schlagen zu können: So war es ein Trost, daß die Stadt zwei »Frei- oder Gnadenstellen« zur vorurteilsfreien Begabtenförderung erhielt.

Der kulturelle Fortschritt mag die Schule mitunter verspätet erreicht haben, ging aber natürlich nicht an ihr vorbei. Noch im 16. Jahrhundert zogen die Lehrer aus dem ehemaligen Kloster aus. Die später bekanntesten ehemaligen Grimmaer Landesschüler waren Kinder des leidgeprüften 17. Jahrhunderts: Samuel Pufendorf, der Völkerrechtslehrer und schwedisch-preußische Hofgeschichtsschreiber, und der Pfarrerssohn und selbst wieder Pfarrer Paul Gerhardt, dessen Lieder heute wieder entdeckt werden (»Geh aus mein

Herz und suche Freud«, «Nun ruhen alle Wälder« ...). Vor allem aber waren es tüchtige Mediziner, Geistliche, Juristen, Beamte, die hier ihre grundsätzliche Vorbildung für ein Universitätsstudium erhielten.

Zu Anfang des 19. Jahrhunderts war es endlich soweit, daß anstelle der alten 1820/28 eine neue Schule gebaut werden konnte. Es war ein Bau in besten klassizistischen Proportionen. In ihm feierte man im großen Rahmen die 400. Wiederkehr der Gründung als Landesschule am 14. September 1850. Doch schon ein knappes halbes Jahrhundert später machten die enorm gewachsenen Anforderungen an Bildung und Ausbildung im industrialisierten Deutschland einen Neubau der Schule mit doppelt so großem Grundriß in den Jahren 1887/91 nötig. Da zur Einweihung der neuen Schule auch König Albert anwesend war, entschied sich der Name der Schule endgültig: Fortan gab es nur noch die »Fürstenschule«, die traditionsreiche Bezeichnung Landesschule fiel weg. Verändert hatte sich im 19. Jahrhundert ohnehin viel. So war mit der Einführung einer Landesverfassung 1832 auch das »Schulamt« weggefallen, und der Staat hatte angefangen, die Schule über das Schulrentamt zu finanzieren.

Im Stile des Historismus war eine moderne Schule gebaut worden, deren Bild freilich weder mit dem 16. Jahrhundert, auf das man sich bezog, noch mit sächsischen Bautraditionen zu tun hatte. Nach Änderung des deutschen Bildungssystems 1924 entstand am traditionsreichen Ort ein »Reformgymnasium«, das Wertzeichen für Bildung »St. Augustin« blieb.

Nach der Zerstörung des Leipziger Zentrums durch englische und amerikanische Luftangriffe evakuierte man die Thomaner nach Grimma. Von hier aus fuhren sie zu Motetten und wenigen Konzerten nach Leipzig; von diesen Impulsen lebte die anspruchsvolle Musikkultur der Stadt noch eine ganze Weile. Nach 1946 zog schrittweise ein »neuer Geist« in die Schule ein, nachdem sie von Flüchtlingen und Umsiedlern wieder entlastet war. Es sollten der Ballast der Jahrhunderte und die Versteinerungen abgeworfen werden, die Schule verlor dabei, was an humanistischen Idealen nach zwei Weltkriegen übrig geblieben war. Die Reste der ursprünglichen Ideale gingen in der immer hohler werdenden Ideologie unter, wenn auch weiter hohe Bildungsansprüche gestellt und erfüllt wurden. Als im Jahre 1966 auch die einmalige Bibliothek aufgelöst war, gab es keine historischen Sammlungen der Landesschule mehr. Die sozialistische »Erweiterte Oberschule« erhielt den Namen »Ernst Schneller« – der engagierte Kommunist ist in Grimma zwar Seminarist, aber kein Fürstenschüler gewesen. Der 14. September 1990 muß daher als Datum eines schweren Neubeginns angesehen werden; es wurde wohl weniger der 440. Gründungstag begangen als vielmehr begonnen, sich ernsthaft auf die Traditionen und großen Jahrhunderte der Schule zu besinnen. Unterdessen konnte der sehr massive, der Landschaft fremde Bau des Schul- und Internatskomplexes wenigstens äußerlich solide saniert werden. Die hier architektonisch ungewohnten Formen des Gebäudes waren nur bedingt

zu erhalten, auf die einst reich gestaltete Dachzone wird man noch lange verzichten müssen, und die spätklassizistischen Gestaltung der Aula ist unwiederbringlich dahin; sie wurde um 1960 grundlos geopfert, ohne durch Besseres ersetzt worden zu sein. Zum 450. Schuljubiläum gibt es Bemühungen, das Denkmal Herzogs Moritz von Sachsen, der 1547 das albertinischen Kurfürstentum Sachsen und drei Jahre später die Grimmaer Landesschule begründete, in einer angemessenen Form wieder aufzustellen.

Wenn es um Grimmas Ruf als Schulstadt geht, bleibt zwischen Fürstenschule und Schloß noch das ehemalige **Döringsche Freihaus** zu erwähnen, in dem der Trebsener Pfarrer Johann August Köhler das »Alte Seminar« 1838 einrichtete. Es war das dritte Lehrerseminar Sachsens. Köhler leitete es bis 1874/75, als dann der Neubau am Schwanenteich eingeweiht wurde.

Schloß und Große Muldenbrücke

Die frühe Zeit der Markgrafschaft Meißen ist geprägt durch enorme Gegensätze der Mächtigen, die keinesfalls taktvoll ausgetragen wurden. Im 14. Jahrhundert hatte sich die landesherrliche Macht der Wettiner gegenüber der Krone wie gegen andere Konkurrenten durchgesetzt. Voraussetzungen dazu waren der Erwerb der Markgrafschaft Meißen durch den Wettiner Heinrich von Eilenburg 1089. Für den Landesausbau nach der militärischen Eroberung im 10. Jahrhundert, u.a. des Burgbergs Meißen, spielten stabile Verkehrswege eine große Rolle. Ein Frachtfuhrwerk der frühen Neuzeit konnte bei 1 t Last bis zu 20–30 km täglich bewältigen. Neuralgisch waren Flußübergänge, um die alle Mächte miteinander rivalisierten. Den markmeißnischen Landesherren gelang es, den Muldenübergang Grimma zu gewinnen und zu behaupten. Man nimmt an, daß die Furt an der Großmühle aufgegeben wurde, als man den Brückenübergang nahe der Burg schuf. Die Stadterweiterung nach Norden um die Mitte des 13. Jahrhunderts mit Einschluß der Nicolaisiedlung bestätigt das. Jedenfalls hat Grimma ungewöhnlich früh für Sachsen, bereits im Jahre 1292, eine hölzerne Brücke über die Mulde!

Zu der Zeit stand wohl schon etwa 100 Jahre die Wasserburg als Vorläufer des **Schlosses**. Ein Fenster – von der Brücke gut zu sehen – stammt aus der Mitte des 13. Jahrhunderts: ein spätromanischer Rundbogen schließt vier kleine gotische Bögen ein. Die Fensteranlage könnte der ersten Burg angehört haben, sie ist der älteste Zeuge profaner Architektur in Grimma. Darüber erhebt sich der spätgotische Schaugiebel mit einem nachempfundenen Maßwerk aus Ziegeln, die einst unverputzt waren. Er stammt aus der Umbauphase von 1509/18, der schon ein Umbau in den Jahren 1389/1402 vorangegangen war. Diesem Muldenflügel gegenüber liegt das Kornhaus. Hier war einst der Vertreter der Markgrafen untergebracht, ehe im 14. Jahrhundert begonnen wurde, da ein Amt einzurichten. Offiziell gibt es ein Amt Grimma seit 1485, es existierte vollkommen unabhängig vom jüngeren Schulamt Grimma. Die Verfassung von 1831 änderte an den überholten Verhältnissen viel – mehr noch die Reichseinigung mit einer Fülle verschiedener staatlicher Institutionen. Dazu wurde die Amtshauptmannschaft aus dem Schloß herausgelöst und in einem neuen Gebäude am Floßplatz untergebracht. Über die Eingriffe von 1933/34 bzw. 1952 hinweg blieben Polizei und Gericht im Schloß.

Mit der Landesgeschichte hatte das Schloß so lange etwas zu tun, bis die Wettiner nach 1485 Städte wie Torgau, Wittenberg, Weimar und Dresden als feste Sitze, als »Residenz«, nahmen. So ist das Grimmaer Schloß als Nebenresidenz, von wo aus auch regiert und gerichtet wurde, 1443 Geburtsort des Meißner Stammvaters der albertinischen Linie der Wettiner geworden, des Herzogs Albrecht (des Beherzten, 1500 verstorben). Als dann 450 Jahre später die Albrechtsburg Meißen ausgemalt wurde, entstand dort auch ein historisierendes, zu schönes Bild der Grimmaer Burg. Die sächsischen Herzoginnen wählten mehrfach das Grimmaer Schloß als ihre »Wochenstuben«.

Wiederholt sind in Grimma wichtige landespolitische Entscheidungen getroffen worden. So sicherten sich die Wettiner 1354 in einem »Vertrag von Grimma« die Lehnsherrschaft über die Vögte von Weida, Gera und Plauen. Im Gefolge der Leipziger Hauptteilung von 1485, die Grimma zum ernestinischen Kurfürstentum geschlagen hat, wurde mit dem »Grimmaer Machtspruch« versucht, die Teilungswirren zu beseitigen. Zu Beginn sollte es 1531 um religiöse Probleme gehen, bei der Unterzeichnung 1536 aber drehte es sich ausschließlich um Münzwesen und Landesmacht zwischen den meißnischen Albertinern und den thüringisch-wittenberger Ernestinern. An die großen Zeiten erinnern die Vorhangbogenfenster am Kornhaus, welche die spätgotische Architektur Arnolds von Westfalen charakterisieren und nicht nur auf der Meißner Burg von dem großartigen Baumeister zeugen. Spätgotisch war auch der Schloßturm an der Nordwestecke des Kornhauses mit vier kleinen Zwerchtürmen am Hauptturm. Wegen Baufälligkeit wurde er im 18. Jahrhundert nicht mehr erhalten und schließlich 1810 weitgehend abgetragen, bis auf einen Stumpf. Im Jahre 1992 wurde im Keller des Gymnasiums die gußeiserne Erinnerungsplatte von 1843 gefunden, die anläßlich des 400. Geburtstages von Herzog Albrecht im Grimmaer Schloß angebracht und nach 1945 dort vor der Zerstörung geborgen wurde. Sie soll am alten Ort im Schloß wieder angebracht werden.

Immer wieder war die Stadt mit der **Muldenbrücke** schicksalhaft verbunden. Ein Teil des Zolls, der von den Benutzern der 1292 beurkundeten Holzbrücke erhoben wurde, floß in die Kassen der Stadt wie auch in die der Nicolaigemeinde. Doch die laufende Unterhaltung der Brücke wurde der Stadt mehr und mehr zur Last, zumal dann, als sie im 15. Jahrhundert ihre wirtschaftliche Blüte überschritten hatte. Das mit Sonderrechten begünstigte Leipzig ließ alle Städte der weiteren und näheren Umgebung zur Bedeutungslosigkeit verkommen. Kurz vor der Katastrophe des 30jährigen Krieges waren die beiden ersten steinernen Landpfeiler schon gebaut. Die schwedischen Soldaten aber zerstörten 1632 die Brücke so gründlich, daß sich die Stadt fast 80 Jahre lang ohne Brücke behelfen mußte – mit Flößen, Fähren und Booten. In der muldenseitigen Stadtmauer wurde dafür das alte Fährtor und im jenseitigen Stadtwald der Fährgrund in Richtung Hospitalschenke wieder benutzt.

Nach mißglückten Versuchen kam 1716/19 der Bau der Steinbrücke zustande. Ihn finanzierte der Fiskus, der dann auch bis vor 150 Jahren nach fester Taxe den Brückenzoll kassierte. Daran erinnerte bis 1972 das »Brückengeldeinnehmer-Häuschen« auf der Stadtseite der Brücke. Aus dem Jahre 1724 stammt der Wappenstein mit der barocken, huldigenden Inschrift für den Kurfürstkönig Friedrich August I. Dort befand sich auch ein sperrendes Tor, das abends geschlossen und morgens geöffnet wurde, um den Verkehr über die Brücke genau zu kontrollieren. In der Mitte war ein hölzernes »Hängewerk« gezimmert, hausartig mit Brettern verkleidet, um Wind und Wetter von den tragenden Teilen fernzuhalten. Im Kriegsfalle konnte es in kurzer Zeit abgebrannt und die Brücke somit unpassierbar gemacht werden. Während des Frühjahrsfeldzuges 1813 wurde das getan: Nach zwei Stunden stürzte das Tragwerk brennend in die Mulde, die Verbündeten entkamen, und die napoleonischen Truppen mußten sich einen anderen Weg über die Mulde suchen. Anschließend wurde 1816 das hölzerne Brückenhaus neu verzimmert. 1894 ist es endgültig abgebrochen worden, weil es ein Verkehrshindernis war. Man verbaute Gitterträger mit Segmentbögen, und so stand die Brücke bis Mitte April 1945.

Die Stadt wurde von Leipzig her und aus Richtung Großbothen von amerikanischen Soldaten erobert, während auf dem östlichen Ufer der Rest der Wehrmacht mit den zum »Volkssturm« gezwungenen Männern des letzten Aufgebots stand. Unbelehrbare deutsche Offiziere verfügten die Sprengung der drei Grimmaer Brücken. Dann war die Mulde bis zum Juni 1945 Demarkationslinie der Mächte der Anti-Hitler-Koalition, ehe sie die in Jalta vereinbarte Linie bezogen, die bis 1990 die Deutschen trennen sollte. Jede Siegermacht errichtete im April ihr eigenes »Schilderhaus« mit Fahnen und Symbolen. Bald wurde ein Steg über die Trümmer der gesprengten Brücke gebaut, damit Flüchtlinge, Verschleppte, Fremdarbeiter und andere ihren Zielen ein Stück näher kommen konnten.

Nur die Brücken in Großbothen bzw. Kössern und Sermuth waren intakt geblieben. Bis zum Eisgang des strengen Winters 1946/47 gab es unterhalb des Grimmaer Schützenhauses eine provisorische Holzbrücke, die auf Befehl und mit Mitteln der Roten Armee gezimmert wurde. Der schwere Lastenverkehr ging über die Brücken in Wurzen und Colditz. Der eigentliche Wiederaufbau des stählernen Mittelteils der Großen Muldenbrücke dauerte vom April 1947 bis zum Februar 1948.

Dem gigantisch gestiegenen Verkehr genügte die Brücke bald immer weniger, und so wurde 1972 eine Platte aus Stahl eingefügt. Deren Montage fiel das Brückengeldeinnehmer-Häuschen zum Opfer. Nach

jahrelanger Odyssee gelangte eine farblich gefaßte Kopie des Wappensteins 1984 schließlich an die alte Stelle. Nach 280 Jahren ist die Brücke dem Verkehr nicht mehr gewachsen: Sie wurde für täglich einige hundert Pferdewagen gebaut. Aber sie ist heute der einzig erhaltene Ingenieurbau des Zwingerbaumeisters Matthäus Daniel Pöppelmann. Darum wurde sie gleich nach ihrer Vollendung in die Liste der bemerkenswerten Brücken Deutschlands aufgenommen, von einem bedeutenden Zeichner abgebildet und mit ihrer Konstruktion in die Fachliteratur, den »Schauplatz der Brücken Deutschlands«, übernommen. Wer sie aus Distanz betrachtet, wird feststellen, daß ihre Oberfläche von jeder Seite her leicht ansteigt – eine Praxis, die schon die Perser im 5. Jahrhundert vor unserer Zeit kannten, um langweilige Waagerechten zu vermeiden.

Das Problem des gewachsenen Verkehrs durch die Stadt wurde 1994/96 mit dem Bau einer zurückhaltend gestalteten Brücke teilweise gelöst. Der zentrumsnahe Standort nach einer Planung von 1942 bleibt umstritten und bedingt nachdrücklich eine vollständige Umgehungsstraße. Im Sommer 1999 begann die Sanierung der Pöppelmann-Brücke mit dem Entfernen des stählernen Mittelteiles. Technisch und zeitlich aufwendige Pfeilersanierungen schlossen sich an. Die als technische und touristische Einmaligkeit erwogene Rekonstruktion des hölzernen Sprengwerkes von 1816 erwies sich leider als finanziell undurchführbar.

Gang durch die Unterstadt

Neben dem eigentlich »neuen Markt« verdient der Nicolaiplatz, wo heute die Busreisenden ankommen, besondere Aufmerksamkeit. Er ist der Siedlungskern, an dem Grimmas frühe Wirtschaftsgeschichte hängt. Analog zu anderen sächsischen Städten wie Dippoldiswalde, Colditz oder auch Leipzig siedelten hier die Fernkaufleute im Schutz der Burg, aber auch mit

Distanz dazu, denn die Zeiten des Mittelalters sind vom »Faustrecht« geprägt gewesen. Viele blaugraue Scherben, die in der Baugrube des 1964 am Platz neu erbauten Feuerwehrhauses gefunden wurden, haben das hohe Alter dieser Siedelstelle nachgewiesen. Über das Alter der Nicolaikirche ist nichts bekannt, die schriftliche Überlieferung der Kirche beginnt erst 1309. Sie war eine Saalkirche mit einem quadratischen, ungewöhnlich dicken Turm an der Südwestseite. Nach jahrelanger Verwahrlosung ist sie 1888 abgerissen worden. An der Stelle, wo die Kirche stand, blieb nur ein Giebelkreuz übrig. Zwar legte der bedeutende deutsche neogotische Architekt Möckel Pläne zu einem Neubau »größer und schöner denn je« vor. Doch wir haben vielleicht nicht zu trauern, daß Erster Weltkrieg und Inflation solche Hoffnungen und Aussichten beendeten. Erhalten hat sich der großartige Altar der Nicolaikirche, er steht heute, in der Höhe angepaßt und um das Gesprenge verringert, von dem sich Teile in der Frauenkirche befinden, in der Friedhofskapelle. Dort sind auch Grimmaer Pastorenbildnisse des 17./18. Jahrhunderts zu finden.

Der hl. Nikolaus von Myra, gestorben um 350, war einer der 14 Nothelfer und Patron aller »Fahrenden«, der Fuhrleute, Seefahrer, Kaufleute und Krämer, aber auch der Pilger und Soldaten. Nicht nur die Kinder wissen, daß der »Nikolaustag« der 6. Dezember ist. In vielen älteren Handelsstädten sind die alten Kirchen dem Nikolaus geweiht; so war das auch in Grimma. Er steht als Schnitzfigur in der Mitte des Schreins, nicht ganz lebensgroß. In einer Wittenberger Werkstatt wurde er 1519 geschnitzt und in den großen Altar mit den sechs Flügeln eingesetzt. Als Attribut trägt er auf einem Buch drei Goldklumpen, mit deren Hilfe er drei Jungfrauen eine ordentliche Ehe ermöglichte und den in Not geratenen Vater davor bewahrte, seine Töchter in ein Freudenhaus zu verkaufen. Weitere Heilige stammen aus der gleichen Werkstatt. Bei der ersten Wandlung wird anschaulich die Nikolauslegende sichtbar, bei der zweiten die Passion Christi. Die in der Cranach-Werkstatt gemalten Bilder sind kulturgeschichtlich außerordentlich aufschlußreich, weil sie das Leben des frühen 16. Jahrhunderts darstellen, wie fremd es uns auch erscheinen vermag. Ebenfalls aus der Nicolaikirche kommt die kleine, 60 cm hohe Glocke, die im Glockenstuhl des Friedhofs hängt, sie könnte romanisch sein.

Das zugehörige **Archidiakonat** steht in der Nicolaistraße 18, mit einem Weinstock am Haus, wie er einst zur Südseite manchen Gebäudes der Altstadt gehört hat. Im Archidiakonat enthaltene ältere Substanz wurde im 18. Jahrhundert gründlich umgebaut. Bis zur Schließung der Kirche gehörte die Unterstadtgemeinde zur Nicolaikirche, das Archidiakonat blieb aber bestehen.

Mit der **Trinitatiskirche** in der Nicolaistraße 1–3 schufen sich die katholischen Gläubigen 1858 eine eigene Kirche. Sie sah bis Mitte der 1970er Jahre neoromanisch aus, dann erfolgte ein moderner Umbau mit einem Kruzifixus, aus der hölzernen Naturform modelliert, und einem großartig geformten Tabernakel vor anspruchsvoll-modernen Glasfenstern. Hier wurden auch die konfessionell gebundenen Kinder lange Zeit mit unterrichtet.

Das Eckgebäude **Nicolaistraße 2**, das als »Körners Laden« bekannt ist, beherrscht mit seinem Fachwerkgiebel das Bild der Kreuzstraße. Der Ladeneinbau erfolgte in dem Ackerbürgerhaus mit Fachwerkobergeschoß erst spät. Auf dem Hof befand sich ein Husarenquartier, und dort über dem Pferdestall blieb eine Schwarze Küche in ursprünglicher Art erhalten. Aus einer Scheune wurde 1910 Grimmas erstes Kino, ihre vorgetäuschte Front ist klassisch-griechischen Tempeln nachempfunden. Zur Kreuzstraße hin trägt das Haus eine Gedenktafel an Wladimir M. Sagorski, einen engen Mitarbeiter Lenins. Sagorski gehörte zur russischen Emigrantengruppe in Leipzig, die es zu Beginn des Ersten Weltkrieges durch den »kleinen Belagerungszustand« als Internierte zwangsweise nach Grimma verschlagen hat.

Das Eckgebäude am anderen Ende der Nicolaistraße, die heutige **Turnhalle** der Schule, war eine Reithalle der Husaren. Für die Fassade wurden Renaissancebauten als Vorbild gewählt. Im Bau der Turnhalle ist ein weiterer Wohnturm Grimmas aus dem hohen Mittelalter enthalten.

Am **Nicolaiplatz** ist die **Nr. 4** beachtenswert, ein Barockfachwerkbau aus der ersten Hälfte des 18. Jahrhunderts. Jahrzehnte war darin das städtische Krankenhaus. Behutsam und modern wurde das Eckgebäude **Marktgasse 7** zu Beginn der 20er Jahre in das Bild des Nicolaiplatzes eingefügt. Weinstock, Rosen und Klematis schmücken den Bau.

In der **Hohnstädter Straße 9** saß über Generationen die »Fleischermeisterdynastie« Heßler. Ein Messinghaken an jeder Seite der Haustür – kräftig und mit Eichenlaub geschmückt – erinnert an die Zeit, als das zu verkaufende Fleisch noch außen an der Tür aufgehängt wurde, damit sich jeder Käufer von der Qualität überzeugen konnte.

Im Jahr 1899 ist das Gebäude der **Deutschen Bank** vollendet worden, der anspruchsvollste Bau des Historismus in Grimma. Hier wurde der Typ eines norditalienischen Renaissance-Palazzos als Vorbild für den dreigeschossigen Bau gewählt – mit unterschiedlichen Geschoßhöhen in einer Sandsteinverkleidung. Zwischen den Fenstern des oberen Halbgeschosses sind die vier Elemente Feuer, Wasser, Luft und Erde in Halbreliefs dargestellt. Über dem Portal wacht ein Hermes, der bei den Griechen Schutzpatron der Kaufleute und Diebe war.

Durch die **Malzhausgasse**, eine »Schlippe«, in der das gemahlene Malz der Brauberechtigten aufbewahrt wurde, führt der Weg in die **Brückenstraße**. Dort liegt ziemlich weit unten die stadtbekannte Drogerie Dornig, **Nr. 21**, ein schlichter Ladeneinbau aus den 1920er Jahren mit Porphyrtuffwänden in einer materialgerechten Ausführung. Ausgangs der Brükkenstraße und der Hohnstädter Straße standen ehemals das Brückentor und das Hohnstädter Tor.

AUSSERHALB DER MAUERN

Die Situation in der sumpfigen Aue ergab für die Stadt »auf den Kieselsteinen« (so Grimmas Namensdeutung) einen natürlichen Schutz durch mehrere Quellen, die noch heute fließen: Queckborn am Schwanenteich, Malzmühlteichquelle, Wasser aus der Neubauernmark Richtung Beiersdorf und die Quellen aus dem Thostgrund, vom Weinberg her. Sie gingen bald nach der Stadterweiterung in den Stadtgraben ein, der erst nach 1870 endgültig verfüllt wurde. An der »Wallgrabenschule« machte der Stadtgraben einen großen Knick, markiert durch einen mächtigen Rundturm der Stadtbefestigung. Die Bepflanzung des Grabengeländes mit Linden und am ehemaligen Schützenhaus mit Platanen hielt sich recht lange, erst ein Sturm 1958 warf die meisten Bäume am Schützenhaus um; 1965 schließlich fielen in einer von der Bevölkerung nie akzeptierten »Sägeaktion« die teilweise hohlen Linden und Kastanien. Mit viel Mühen wurden neue Linden und Fliederbüsche am Wallgraben angepflanzt.

Der grüne Gürtel ist ein Schatz Grimmas! Im weiten Bogen umschließt er die Altstadt von der Gattersburg bis zum Schloß und setzt sich jenseits der Mulde im Stadtwald fort. Diese Gunst der Lage genau erkennend, zeichnete der junge Leipziger Gartenarchitekt Johannes Gillhof schon in den 1920er Jahren Pläne zur Neugestaltung, von denen nur die Fassung des Queckborns realisiert wurde.

Der grüne Ring

Wer aus der Unterstadt oder von der Autobahn her kommt, trifft im Norden der Altstadt auf ehemals weite Wiesenflächen, die über Jahrhunderte als Weide dienten. Seit den 1920er Jahren sind hier auf aufgefülltem Boden Sportplätze angelegt worden. Das neue Fußballfeld entstand in den 70er Jahren auf dem alten Sauteich, von wo aus die Hirten der Unterstadt ihre Tiere zur »Waldhutung« unter samentragenden Eichen und Rotbuchen getrieben haben. Vor dem Schützenhaus war den Winter über die Spritzeisbahn der Stadt. Sonst fanden dort Märkte und Jahrmärkte statt oder lagerten bei Einquartierung Soldaten. Von hier steigt das Gelände zum Steinbruch mit der darüber befindlichen Schönen Aussicht und schließt den Kessel nach Norden ab.

Wir aber folgen dem **Wallgraben** westlich um den Altstadtkern und gelangen bald zum Rest des Pappischen Tores. Es wird nach einem Dorf Pappertshain bezeichnet, welches das Schicksal weiterer Dörfer (Neschwitz, Borensdorf, Harth) teilte und mit Menschen und Feldflur bis Ende des 14. Jahrhunderts in der Stadt aufging. Das »Pappirczantor« wurde 1406 im Grimmaer Gerichtsbuch erstmals erwähnt. Es bestand als letztes bis 1888 und hat jahrhundertelang dem Verkehr Leipzig–Grimma gedient, mehr als das Leipziger Tor, das erst mit dem Chausseebau Grimma–Grethen ab 1831 das Übergewicht gewann.

Die **Kugeltafeln** erinnern an das Muldenhochwasser von 1573. Natürlich stand das Wasser nicht bis an die Kugeln, sie sind beim Abriß von Tor und Brücke in den Rest des Pappischen Tores zu hoch eingemauert worden. Mit Einführung der »Generalkonsumtionsakzise« im Kurfürstentum Sachsen 1702, bei der jede Ware eine Steuer erhielt, war es nötig, genau die Ein- und Ausgänge an den Stadttoren zu notieren. Darum wurden die Torschreiber eingeführt. Im 1818 erweiterten Pappischen Tor befand sich zuletzt das städtische Gefängnis.

Stadteinwärts hat in der Straße **Pappisches Tor** linkerhand das Jakobshospital gestanden. Die private Stiftung unterstützte die Pilger, die auf dem Wege zu den Wallfahrtsstätten des hl. Jakob waren. Die Pilgerzüge gingen quer durch Europa, die meisten nach Santiago de Compostela in Nordspanien. Erst 1488 wurde dieses Hospital gegründet und im Jahr darauf vom ernestinischen Kurfürsten bestätigt, infolge der

Reformation aber schon bald nicht mehr in Sachsen gebraucht. Die zugehörige Kapelle ist nur zwischen 1517 und Anfang der 30er Jahre des 16. Jahrhunderts genutzt worden. Ein Sitznischenportal erinnert heute noch an das Hospital. Das interessante Eckhaus wurde nach 1995 aufgemessen. Die Beurkundung von 1502 wurde damit bestätigt und nachgewiesen, daß aus der Kapelle mit der verbrochenen Chorpartie im 18. Jahrhundert ein rechteckiger wohnlicher Raum wurde. So wird erklärlich, daß dort eine Stuckdecke mit bescheidenen Profilen überliefert ist.

Gegenüber vom Pappischen Tor, jenseits der neu angepflanzten Lindenallee, **August-Bebel-Straße 1,** steht ein Jugendstilhaus vom Ende des 19. Jahrhunderts. Es ist für Grimma das beste Beispiel dieser Bauauffassung mit vielen Details und wurde 1989 reduziert erneuert.

Einst waren hier Gärten angelegt. Mitten im Terrain des Wallgrabens liegt die **Nr. 14**, ein Wohn- und Geschäftshaus, das nach Plänen des bereits genannten Baureformers Hugo Koch errichtet wurde.

Am Ende des Wallgrabens, etwa dort, wo heute der Turm der Fleischerei May die Bautradition fortsetzt, hat einmal das Leipziger Tor gestanden. Es fand indirekt erstmals 1433 Erwähnung, als ein Muldenhochwasser Teile davon wegspülte. Genau 100 Jahre später mußte es ganz abgetragen und neu wieder aufgebaut werden. Es bestand im 18. Jahrhundert aus Tor und Vortor.

Daneben erhebt sich am Eingang zum Schwanenteich das aus Lausitzer Granit gefertigte **Denkmal** des **unbekannten Antifaschisten**. Es steht da seit 1953, doch eine Identifikation der Grimmaer mit dem symbolischen Denkmal ist in all den Jahren nur bedingt erreicht worden. Anders bei der Nachbildung eines **Scherenschleifers** nach dem Vorbild von Bad Tölz, der auf dem großen Teich der Parkanlage aufgestellt und zu einem Grimmaer Symbol wurde. Durch den Fund eines Schriftblock-Fragments einer der vier oder fünf Grimmaer kurfürstlichen Post-Distanzsäulen im

Jahre 1989 konnte in der Schwanenteichanlage 1997 die Kopie einer Distanzsäule aufgestellt werden.

Das Areal des heutigen **Schwanenteiches** ist nach 1878 vollkommen umgestaltet und großzügig bereichert worden, nachdem der ehemalige Grimmaer und vermögende Prager Fabrikbesitzer Chr. A. Schmidt der Stadt 10 000 Taler geschenkt hatte – unter der Bedingung, damit einen »Verschönerungsfond« zu begründen. Die grüne Gedenksäule aus Serpentin, die an die Umgestaltung von 1879/92 erinnerte, wurde bei der letzten Parkumgestaltung 1977 einplaniert. In den Park mit seinen vier Teichen hat man Schwäne eingesetzt und die Wasser des Queckborns in die Speisung der Teiche einbezogen. Einst hatte der gleiche Quell den Brauberechtigten der Stadt gedient.

Da auch bei der Parkgestaltung am Schwanenteich die Linde bevorzugt worden ist, pries man die Aussicht von der Gattersburg mit den Worten:

»Die Berge stehen ringsumher, die Stirnen waldbekrönt,
und von St. Augustin daher die Abendglocke tönt.
Es rauscht das Wehr, der Lindenhain schließt
das ganze Städtchen ein.« (anonym)

Der Verlauf des **Tops** gibt den der ehemaligen Stadtmauer auf die Großmühle zu wieder. Das Wasser für den Stadtgraben wurde unterhalb des »Knöchels« aus der Mulde eingeleitet und lief durch den Garten der 1873 gebauten **Amtshauptmannschaft**.

Daneben gibt es die **Kellerhäuser**, eine heute noch so bezeichnete kleine vorstadtartige Siedlung armer Hausbesitzer. Dort standen auch mehrere der wegen Brandgefahr außerhalb der Stadtmauern von Ackerbürgern genutzten Scheunen. Südwestlich des Schwanenteiches liegt das 1874 erbaute und 1912 erweiterte **Neue Seminar**.

Vom nahen **Prophetenberg** grub man einst vergrusten Porphyr zum Ausbessern der Wege. Die »Prophetenerde« verfestigt sich sehr gut und versagt sich jedem gärtnerischen Bemühen. Über den Prophetenberg wurde 1835 die Chaussee nach Colditz verlegt.

Am Muldenufer und im Stadtwald

Gleichermaßen romantisch und eindrucksvoll ist ein Gang auf der Muldenseite der Altstadt. Er sollte am Fuße der **Gattersburg** beginnen. Der Name steht für die Gaststätte wie für die Villa. Im Jahre 1792 ließ sich der Landrichter Johann Christian Gattert für 300 Taler hier ein Landhaus bauen, dessen Lage und Name bald eine Einheit bildeten. Seit 1867 gibt es für den exponierten Platz eine Schankkonzession. Die Gaststätte wurde erweitert und »verlagerte« sich als Aktiengesellschaft ein Stück abwärts. Im Jahre 1879 erwarb der Besitzer der Golzerner Papierfabrik Schroeder das ehemalige Gattertsche Landhaus und ließ es im Stile einer historistisch nachempfundenen Renaissance als Familienvilla umbauen. Die Gattersburg diente nach dem Krieg lange als Schulgebäude, wurde als Kinderhort und in verschiedenen Formen als Freizeitzentrum genutzt. Seit 1998 wird die Villa als anspruchsvolles Restaurant »Gattersburg« geführt. Für die benachbarte, ehemalige HO-Gastätte Gattersburg fand sich kein Weg in die Marktwirtschaft.

Zu dem großen romantischen Garten der Gattersburg mit seinen botanischen Kostbarkeiten kam 1882 eine künstliche Ruine, die 1979 zur »Bärenburg« umfunktioniert wurde. Ein kleiner Zoo und die **Anlegestelle Muldenschiffahrt Grimma** haben den Platz weiter aufgewertet.

Der Gattersburg zu Füßen überspannt den Fluß die **Hängebrücke**, 85 m lang. Seit 1924 ersetzt sie eine »Tonnenbrücke« aus dem letzten Viertel des 19. Jahrhunderts. Die hölzerne Anlage war wiederholt von sommerlichen Hochwassern weggespült worden, zuletzt 1922. Im April 1945, ehe der Weltkrieg an der Mulde zu Ende ging, ist auch die von der Leipziger Firma Bleichert erbaute Hängebrücke gesprengt worden. Seit 1949 ist sie wieder begehbar, und von 1980 an zog sich eine ordentliche Sanierung über Jahre hin. Ein neuer Belag wurde nach Reparaturen 1989 auf die Brücke gebracht. In den Jahren 1996/97 konnte die längst überfällige und grundsätzliche Sanierung erfolgen, die auch ein Wechseln der Tragseile endlich möglich machte, was vor der »Wende« jahrzehntelang vergeblich versucht worden war. Am Aufgang zur Brücke steht ein massives **Brückengeldeinnehmer-Häuschen**, wo noch bis etwa 1950 für die Benutzung der Brücke bezahlt werden mußte.

Am **Knöchel,** dem Felsen am linken Ufer, legte 1863 das letzte Muldenfloß an. Die Stadt Grimma hatte seit 1438 Statuten, die den Umgang mit Rund- wie Schnittholz regelten. Das Stapelrecht wird bei diesem Streit erstmals erwähnt. Nur in Ausnahmefällen und mit landesherrlicher Genehmigung war manchmal Flößen und »Bollwerken« das Überfahren des Großmühlenwehres gestattet. Der gesamte Leipziger Bedarf an Bauholz wurde in Grimma gedeckt. Dabei durften »Fremde« erst kaufen, wenn sich die Grimmaer holzverarbeitenden Handwerker damit eingedeckt hatten. Zwei Eisenringe im Knöchel erinnern an die Zeit, als auf dem im Frühjahr mit Holzstapeln übersäten Floßplatz reges Leben herrschte.

An der Großmühle wieder vorbei (siehe Seiten 43 ff.) gelangen wir durch das ehemalige Fährtor der Stadtmauer – heute ein Gittertor – ins Ufergrün an der Mulde. Als der hiesige Flußübergang über die Mühleninsel zum Fährgrund hinüber mit dem Bau der Muldenbrücke 1292 seinen Sinn verlor, vermauerte man das Tor. Der Fährtorturm aber blieb erhalten. Die Öffnung wurde als Pforte wieder gebraucht, als in größerem Maße auf den Wiesen zwischen Stadtmauer und Mulde Wäsche gebleicht wurde. Noch vor dem Ersten Weltkrieg ist gelbliches Leinen aus Zwickau nach Grimma gebracht worden, um es hier mit Muldenwasser zu bleichen.

Die Grimmaer **Stadtmauer** war einst sicher höher und ist nie ernsthaft militärisch belagert, dafür aber um so öfter von Hochwassern und durch Eisgang beschädigt worden. So lagen zu Ostern 1987 noch Reste vom Eis des letzten strengen Winters am Fuße der Stadtmauer. Ihre gründliche Sanierung begann im Frühling 1991.

An kritischen Stellen der Stadtmauer wurden im hohen Mittelalter nach innen offene »Schalentürme« erbaut. An der Superintendentur bildet die Stadtmauer zugleich die Außenwand der Kapelle der Nimbschener Nonnen, auch das Museum benutzt die Stadtmauer, um ein Stück Außenwand zu sparen. Den besonderen Reiz der Stadtmauer machen die aufsitzenden Gartenhäuschen aus. Das Stolle-Gartenhaus steht auf einem Turm der Stadtmauer. Dort in der Nähe war die »Kuttelpforte«, die von den Fleischern genutzt wurde, um in der Mulde Därme zu waschen.

Am hohen Giebel der Klosterkirche vorbei stößt man auf den Strahlgraben, der einst das Muldenwasser bis an die Stadtmauer heranführte – möglicherweise, um die Landesschüler auf dem Schulgelände zu halten. Dort waren für die Schüler abgeteilte Stege zum Baden und Bootsanlegestege zum Rudern in der Mulde.

Seit dem Frühjahr 1999 kann man vom ehemaligen Mühltor aus flußabwärts bis zur Pöppelmann-Brücke an der Außenseite der Stadtmauer entlang über die einstigen Bleichwiesen promenieren. Dabei sieht man zuerst vor dem Ostgiebel der hell abgeputzten Superintendentur den Abschluß der Elisabeth-Kapelle und kann erkennen, daß der Chor weiter herausgestreckt und rund geschlossen war. Wer nicht über das Gelände der alten Landesschule gehen will, kann den Weg schon an der Klosterkirche abbrechen, um das Baudenkmal oder das Heimatmuseum zu besuchen bzw. zum Markt zurück zu laufen.

Der Reiz des Uferweges beruht natürlich mit auf dem Anblick des jenseitigen Muldenufers und Stadtwaldes. Der Weg kann über die Große Muldenbrücke hinweg auf der **Promenade**, dem ehemaligen Bahndamm, zu einem Rundweg werden. Dort verkehrte von 1877 bis 1945 die »Muldenthalbahn« Glauchau–Wurzen. Am Bahndruchbruch durch den ersten Felsen fanden italienische Bauarbeiter unterirdische Gänge. Dabei handelt es sich um Bergbauversuche der Augustinermönche.

Ein etwas anspruchsvollerer Weg geht im Stadtwald an der Abbruchkante entlang aufwärts Richtung Hängebrücke. Durch Aktivitäten des »Verschönerungsvereins« wurde das ehedem stark behütete »Knieholz« zum Parkwald umgestaltet, in dem heute statt verbissenen Buschwerkes prächtiger Laubmischwald steht. Von da oben ergeben sich schöne Blicke auf und über die Stadt. Von hier erst wird die Größe der Fürstenschule sowie die des Alten Seminars erfaßt, dessen Gründer und langjährigem Direktor seine ehemaligen Schüler hier 1888 das **Köhlerdenkmal** setzten; es wurde 1988 renoviert.

Ein wenig weiter, dem Stollehaus gegenüber, steht das **Stolledenkmal** mit den ersten beiden Zeilen des bekannten, schon eingangs zitierten Textes »Im Thale, wo die Mulde fließt«. Beim ersten »erneuerten Stolleständchen« 1992 wurde das Lied seit langem wieder am Musikpavillon im Stadtwald gesungen.

Zwei trockene Tälchen folgen: der **Elisabethgrund** und der **Fährgrund**, ehe der **Gesundbrunnen** erreicht wird. Die Quelle wurde 1754 erstmals gefaßt und 1992 zusammen mit dem oberhalb liegenden **Musikpavillon** restauriert. Von hier aus führt ein Weg zur **Schutzhütte**, der ehemaligen Alberthalle, die 1979 von Grund auf erneuert worden ist.

Ein Abstecher zum **Rabenstein** lohnt. Von der Porphyrkuppe ergibt sich ein umfassender Blick über das breite Muldental mit Kloster Nimbschen, im Süden begrenzen die Höhen bei Colditz den Blick. Hier gibt es sagenartige Überlieferungen, eine ist ein Gegenstück zur »Roßtrappensage«: Dem verfolgten Reiter gelingt der Sprung über den Fluß, der verfolgende Bösewicht indes endet in der Mulde. Nach einer anderen Variante soll hier der Ritter Georg einen die Stadt tyrannisierenden und bedrohenden Drachen getötet haben. An der Stelle liegen auf dem Porphyr des Rabensteins Muldenschotter, die der Fluß bei einer Laufänderung in der jüngeren Tertiärzeit absetzte.

Vom Rabenstein führt der **Lange Grund** durch den Stadtwald zur **Hospitalschenke**. Sie geht auf eine Stiftung für Aussätzige/Leprakranke vor den Toren der Stadt zurück und ist seit 1312 belegt. Das Georgen-Hospital diente der Stadt später als Pflegestätte für Arme und Behinderte. Dabei wurde auch die um 1240 erbaute Hospitalkapelle weiter benutzt. Seit 1838 ist das Hospital als Gaststätte bekannt. Das Land, das zum ehemaligen Spital gehörte, wurde als Vorwerk verpachtet. Im Garten der beliebten Gaststätte förderte die Stadt in den 1840er Jahren Braunkohle. Die daraus geformten Torfziegel waren aber so schlecht, daß sie nicht mal kostenlos abgegeben von den Grimmaern abgeholt wurden. Die kegelförmig abgelagerten Erdmassen auf der Wiese vor dem Schlangengrund stammen vom Kohleabbau.

Bis hierher begleiteten Seume die Grimmaer Freunde, als dieser seinen Tornister geschnallt hatte und in den ersten Tagen des Dezembers 1801 zu seinem »Spaziergang nach Syrakus« aufbrach (siehe S. 87).

Von hier führt ein Spazierweg durch den schattigen **Schlangengrund** zur Stadt zurück. Eine Quelle wurde gefaßt und begleitet den vom »Verschönerungsverein« angelegten Weg mit zahlreichen Mäandern durch den artenreichen Wald. Kurz vor dem getunnelten Verschwinden des Baches passiert er die sogenannte Weiberhölle, die an den Aufenthalt armer Frauen aus dem Hospital erinnert, die in der Stadt bettelten.

Vom Bahnhof zur Stadt

Nur noch wenige »Rucksacktouristen« und Leipziger Ausflügler kommen hier an, am 1866 im englischen Stil erbauten **Oberen Bahnhof**. Ab 1866/67 hat die Stadt Anschluß an die Bahnstrecke Leipzig–Döbeln. Aus der Erbauungszeit stammt heute wieder die Farbigkeit des Hauptgebäudes, die sich auf der Bahnsteigseite bauarchäologisch nachweisen ließ. Es liegt eine klare, funktionale Teilung des Gebäudes vor, das der Freiberger Zeichenprofessor Eduard Heuchler gliederte. Der niedere mittlere Trakt mit drei Rundbögen ist der Empfangsteil, rechts waren bis nach 1918 vier verschiedene Gaststätten, und links ist die Verwaltung des Bahnhofs untergebracht. Der Eisenbahn-

anschluß brachte der Stadt jedoch keine schnelle Industrialisierung, sie verharrte vorerst als Beamten-, Garnison-, Schulstadt. Zunächst folgten Bahnhofshotel, Spedition und die ersten **Husarenkasernen**. Die älteste von 1893 zeigt sich noch im Stil eines barocken Schloßbaues mit sehr bewegter Silhouette. In diese Kaserne zogen die Grimmaer Husaren ein, die es seit 1819 gibt. An die Stelle der Grimmaer rückten die aus Lausick hierher verlegten Husaren in die »Privatquartiere«. Die Eliteeinheit Husaren gibt es im sächsischen Militärwesen seit 1791. Sie ging spätestens im perfekten Töten des Ersten Weltkrieges unter, lebte aber noch lange nach in der romantischen Verklärung Grimmas. Die kleinen, wendigen, schnell zupackenden Reiter waren auch wegen ihrer schönen Uniformen belebend im Bild der Stadt. Ihnen setzte man 1922 ein anspruchsvolles **Denkmal**, das an der Leipziger Straße im Oktober 1990 wieder aufgestellt und erneut geweiht wurde. Weitere **Kasernen** folgten 1902/03 und 1915, die letzte 1937. Mühevoll riß man die jüngsten der Kasernen 1996, nach einem halben Jahrhundert, wieder ab. Das Gelände wurde planiert und z. T. mit Verkaufseinrichtungen bebaut. Die Wohnungen der Offiziere wurden schrittweise saniert und als Sozialwohnungen bezogen. Die älteren Kasernen stehen leer und werden hoffentlich nie wieder als solche benutzt.

Im **Bahnhofspark**, wo nach dem Ersten Weltkrieg noch Kapellen der Husaren aufgespielt haben, stand seit 1945 das sowjetische **Panzerdenkmal**, über das nach der Wende viel diskutiert wurde, zumal die Stadt von amerikanischen und nicht von sowjetischen Soldaten befreit worden ist. Bis dahin hatten die Sieger ihre Monumente immer im eigenen Lande aufgebaut. Wenige Tage vor Abzug der sowjetisch-russischen Gardeeinheiten schleifte man im Frühjahr 1992 den umstrittenen Panzer auf dem Siegesmonument der Befreier im Bahnhofspark. Soldaten wie Offiziere der »teuren Freunde« blieben hier in all den vielen Jahren immer Fremde – wie es gewollt war.

Für die **Leipziger Straße** legte die Grimmaer Bauordnung von 1903 eine offene, lockere Bebauung fest. Die Auswahl der Bauherren war baugesetzlich indirekt geregelt. Auf eine breite, baumbestandene Verbindung zur Stadt mit repräsentativen Bauten wurde viel Wert gelegt. Der Bestand zeigt, wie wirkungsvoll die Regelung durchgesetzt worden ist.

Die Leipziger Straße wird vom **Hauptpostamt** aus dem Jahre 1895 in Formen der nachempfundenen Romanik dominiert. Bis auf den Eisenzaun sind Spielarten des Historismus genau zu verfolgen. Die **Nr. 28** kann als ein prächtiges Beispiel des »art deco« angesehen werden.

Der abzweigende **Vogelberg** war die Stelle, wo Grimmas Schützen auf einen Abschußvogel schossen. In die ehemalige Sandgrube hinein wurde 1929 mit der **Nr. 2** die Allgemeine Ortskrankenkasse gebaut, ein großartiges Beispiel sachlich-moderner Architektur. Wie bei anderen zeitgleichen Bauten projektierte auch hier der Nerchauer Architekt Hugo Koch. Beherrscht wird die kurze Straße vom Giebel des 1926 errichteten Verwaltungsgebäudes des **Elektroschaltgerätewerkes** – ehemals Ferdinand Walther.

Dieser Unternehmer ist die interessanteste Persönlichkeit der industriellen Entwicklung in der Stadt. Im Jahre 1897 eröffnete der gelernte Schlosser in Grimma eine kleine Werkstatt für Schlosser- und Kunstschmiedearbeiten mit dem Wissen, das er auf einer siebenjährigen Wanderschaft erworben hatte, Maschinenbau und Elektrotechnik kamen hinzu. 1910 schon reichte der Raum nicht mehr aus; um den Betrieb zu erweitern, wurde ein neuer am heutigen Ort, in der damaligen Hindenburgstraße, gebaut. 1922 arbeiteten bereits 300 Menschen hier, 1927 kam die Gießerei in Bahnhofsnähe hinzu.

Bis zum Jahre 1936 vergrößerte sich das Unternehmen enorm, hatte nun 1300 Beschäftigte und ein Angebot von 6000 verschiedenen Elektroschaltgeräten. Im gleichen Jahr ist das Waltherbad am Weinberg eröffnet, ein Jahr vorher dort auch das Siedlerheim mit dem Waltherturm errichtet worden. Das Glockenspiel vom Turm wurde zum Pausenzeichen des Rundfunksenders Leipzig. Siedlungshäuser entstanden, ein Altersheim, ein Mütterheim, ein Kindergarten. Im angefangenen Jugendheim sitzt heute das Wehrersatzkommando, und in der Schulstraße, wo sich in der ehemaligen Freimaurerloge die NSDAP eingenistet hatte, flossen sicher auch die Mittel »Ferdinands«. Bald nach Kriegsende verstarb Ferdinand Walther, sein Mythos lebt heute noch. Der Betrieb, nunmehr in der Karl-Marx-Straße, wurde ausgebaut, seine Zukunft ist momentan ungewiß. Eine objektive Wertung der Arbeit dieses Mannes, der lange tabu war, steht aus.

Die große Kreuzung der Leipziger Straße vor der Altstadt wurde angemessen bebaut. Um die Mitte der 1920er Jahre zog die **Sonnenapotheke** ein. Ihr Gegenüber, die **Nr. 18**, das ehemals renommierte Café Ewald, ist älter, es hat den baulichen Auftakt für die Straße gegeben.

Die Straße des Friedens entlang stößt der Besucher auf die sogenannte **Rote Schule**, den im Jahre 1899 eingeweihten Ziegelbau der Realschule. Hier wurde eine betont naturwissenschaftlich-praktische und neusprachliche Ausbildung geboten; die erste Realschule gab es in Grimma ab 1874. Die Rote Schule steht auf dem ehemaligen Kirschberg.

Darunter liegt der »Marderstocksche Bierkeller«, der 1935 geöffnet wurde, um einen Luftschutzkeller einzurichten; erst nach 1948 ist er wieder verfüllt worden. Der Überlieferung nach hält sich der »Grimmaer Bieresel« in dem Keller auf: Das ist ein böser Geist, der fleißige Zecher anspringt und furchtbar mit dem Knüppel traktiert, daß ihnen am nächsten Tag der Kopf mächtig dröhnt.

GRIMMAER AUSFLÜGE

Von »Vogels Ballhaus« nach Hohnstädt

Viele Jahre lang wurde der Fuß des Felsens am Nordrand der Stadt als Steinbruch genutzt, da Steine billig, Ziegel aber teuer waren. Für schwere Lastfuhrwerke in Richtung Wurzen mußten durch den Hohlweg nach Hohnstädt und Burgberg gemietete Pferde vorgespannt werden. Spätestens im ausgehenden 18. Jahrhundert ging man hier auch gern ein Stück spazieren und wußte eine kleine Gaststätte am Fuß des bald parkartig gestalteten Berges mit der schönen Aussicht zu schätzen. Mit 35 Bergkellern, in denen meist Bier gelagert wurde – zwei lagen dem Burgberg gegenüber, 13 gab es im Preßgrund und 15 am Fuße des Rappenberges –, mangelte es an »Gerstensaft« nicht.

Der Weg durch »die Hohle« wurde 1836 verbessert und 1856 als Chaussee ausgebaut. Das »Chausseegeld«, die Straßenbenutzungsgebühr des 19. Jahrhunderts, wurde hier erhoben, woraus sich die schon lange vor 1900 beliebte Gaststätte entwickelte. Noch nach 1945 bot **Vogels Ballhaus** den größten Saal der Stadt mit einer anspruchsvollen Jugendstil-Dekoration. Hier gab es glanzvolle Konzert- und Theateraufführungen, fehlte es nie an Bällen und Versammlungen von Akteuren aller politischen Bekenntnisse. 1982 wurde die Fassade des Gebäudes wieder instand gesetzt.

Hinter den Häusern dieser Straßenseite führt ein steiler Fußweg zur **Schönen Aussicht** auf der Koppe und zum **Tempelberg**. Erstere wurde zur oft besuchten Aussicht auf die Stadt von Norden her, hoch über dem Sauteich gelegen und mit Blick nach Nimbschen. Auf dem Wege zur Schönen Aussicht liegt rechts ein viereckiger Hügel, das Fundament eines frühdeutschen Wartturmes, der aus Holz erbaut wurde und als Beobachtungsort zur Sicherung der Stadt im Tale diente. Weiter nach Hohnstädt zu folgt ein slawischer Abschnittswall, den seit 1795 ein kleiner Aussichts-

Pavillon auf dem Döbener Burgberg

Die große Mulde-schleife unterhalb Döbens, mit Blick auf die Loreley, die Golzerner Papierfabrik und auf Bahren

Die Grundmühle von Burgberg/Hohnstädt
und die Schiffmühle bei Höfgen (unten)

Rechte Seite: Klosterruine Nimbschen und Kirche Höfgen

In der Wilhelm-Ostwald-Gedenkstätte Großbothen

Blick auf die Muldenvereinigung bei Sermuth

und Teetempel schmückt. Ihm zu Füßen – und wohl rund um den Berg mit dem »Stadtschreiberholz« verbunden – gab es im frühen 19. Jahrhundert eine gärtnerische Anlage, die in Resten noch erkennbar ist.

Vom alten Ort **Burgberg**, der 1937 nach Hohnstädt und 1952 nach Grimma eingemeindet wurde, ist es nicht weit nach **Hohnstädt**, das durch seinen in den 1970er Jahren sehr vereinfachten Kirchturm weithin sichtbar ist. Der Ursprung der **Kirche** ist romanisch, sie wurde gotisch entscheidend überbaut. Ihre Emporenbrüstungen bemalten die Brüder Bottschild, die in Pomßen und im 1945 zerstörten Palais des Großen Gartens in Dresden gearbeitet haben.

Das **Gutshaus** inmitten des Ortes konnte halbwegs erhalten werden. Es ist ein ländlicher, bescheidener Schloßbau aus der für Sachsen großen Zeit nach 1700. In dem nach ihm benannten Saal spielte Felix Mendelssohn Bartholdy, der großartige Komponist und Pianist der Romantik. Das von ihm benutzte Instrument steht heute im Mendelssohn-Zimmer des Stadtgeschichtlichen Museums im Leipziger Alten Rathaus.

Die meisten Besucher kommen, um das **Göschenhaus** zu besuchen. Georg Joachim Göschen wird als Meister der europäischen Typographie in der Zeit der deutschen Klassik angesehen. Seine preiswerten und hervorragend gestalteten Bücher hielten jedem internationalen Vergleich stand. Der Drucker und Verleger kam 1795 als Erholungsuchender nach Hohnstädt, erwarb ein Bauerngut und zog 1797 mit der Druckerei ganz nach Grimma. 1828 ist er in Hohnstädt verstorben. Das Haus wurde 1853 und nach 1900 tiefgreifend umgebaut, und aus dem Besitz der Nachkommen kaufte es 1934 Renate Sturm-Francke. Die verdienstvolle Heimatforscherin richtete 1954 darin eine Heimatstube ein, die 1967 an die Nationalen Forschungs- und Gedenkstätten der klassischen deutschen Literatur Weimar überging, dann zu den Museen der Stadt Leipzig und nun zur Stadt Grimma kam. Eine Biographie Göschens, seiner Jahre in Leipzig und Grimma-Hohnstädt, ist 1996 im Sax-Verlag erschienen.

Im Göschenhaus gibt es kulturgeschichtliche Sammlungen verschiedener Gebiete. Auch der Häus- und Gastlichkeit Göschens wird gedacht wie des Aufenthaltes von Schiller und Körner, ebenso der verlegerischen Arbeit, die Klassiker, »Moderne«, religiöse Schriften, Schulbücher, Jahrbücher, Kalender, Trivialliteratur und Grimmaer Zeitung einschloß. In unwiederholbarer Weise verstand es Renate Sturm-Francke, ein »Museum zum Anfassen« zu bieten, auch den Park wieder als geselligen Rahmen zu öffnen und Zeit für alle Besucher wie für deren herzliche Verabschiedung zu haben – und dies bei viel eigenem zeitgeschichtlichem und wissenschaftlichem Engagement. 1979 ist sie verstorben, und ihre Nachfolgerinnen suchen diesen genius loci zu wahren.

Vielfach unentbehrlich im Hause war Johann Gottfried Seume, ein Aufrechter, von den gesellschaftlichen Verhältnissen gebeutelter, gerader Mensch, der vorlebte, was er in den »Apokryphen« von Menschen verlangte. Sein schon genannter »Spaziergang nach Syrakus« von 1801/02 ist die Fußgängerperspektive

einer Italienreise, gewissermaßen das Gegenstück zur »klassischen« Reise seines Weimarer Zeitgenossen Goethe, der die Landschaften und Orte, Menschen und Verhältnisse aus der Kutschenperspektive sah. Seume war von 1797 an Korrektor in Göschens Grimmaer Druckerei, auch Erzieher und Theaterregisseur, Haus- und Hofmeister. Als er 1801 zur großen Wanderung aufbrach, schrieb er:

»Ich schnallte in Grimma meinen Tornister, und wir gingen. Eine Karawane guter, gemütlicher Leutchen gab uns das Geleite bis über die Berge des Muldetales ... Nun sah ich zurück auf die schöne Gegend ... Dort stand Hohnstädt mit seinen schönen Gruppen, und am Abhange zeigte sich Göschens herrliche Siedelei.«

Aus der Scheune des Göschen-Gutes wurde die »Göschen-Klause«, die sich auf Gäste der Gedenkstätte konzentriert. Die »Seume-Gaststätte Zur Linde« in der mittelbaren Nachbarschaft erinnert im Moment nur wenig an den Demokraten und Wanderer. Der sogenannte »Seume-Stiefel« ist leider auch nicht verbürgt.

Unterhalb des Göschenhauses liegt der **Seumepark**, ein artenreicher Laubmischwald mit zwei Teichketten und einer gefaßten Quelle, der Seumequelle. Gepflegte Wege und Aussichtspunkte ermöglichen reizvolle Ausblicke über das Muldental mit dem jenseitigen Naturschutzgebiet Döbener Wald.

Im »kalten Grund« wurde 1723 die kleine Wassermühle **Grundmühle** erbaut, deren oberschlächtiges Wasserrad noch bis 1910 ging. Der Chemieanlagenbau Grimma hatte mit sehr viel Mitteln und Mühe im Lauf der Jahre die verfallende Mühle zu einem Kultur- und Weiterbildungszentrum umgebaut, zu dem auch eine exklusive Gaststätte gehörte, die der Öffentlichkeit fast nicht zugänglich war. Beide zur ehemaligen Wassermühle gehörigen Teichketten wurden wie der Seumepark durch den Betrieb vorbildlich gepflegt und unterhalten. Seit zwei Jahren ist die Grundmühle die Gaststätte im Muldental unterhalb der Stadt.

Das Hochwasser 1954 verwüstete die **Böhlschen Wiesen**, so daß dort nicht mehr Heu geerntet werden konnte. Es entstand das Paradies der Pferdesportler, ein Ort bedeutender Wettkämpfe. Und wo es einst ein Freibad gab, fischt der Graureiher, wo der Ruderverein sein Bootshaus hatte, wurden in Händels Handschuhfabrik jahrzehntelang immer neue Kollektionen von Handschuhen geschaffen, bis man seit den 70er Jahren nur noch Arbeitsschutzhandschuhe in enormer Stückzahl gefertigt hat. Gegenüber lag der »Felsenkeller«, eine der ehedem über 100 Grimmaer Gaststätten, und am Hang mit der Schönen Aussicht »Metzners Steinbruch«. Trotz Stillegung vor mehr als 50 Jahren gab es in den 80er Jahren einen Felssturz, der bedingte, daß das Koppenhaus abgetragen werden mußte. Davor liegt der gelbe Ziegelrohbau des Schlachthofes von 1899 in »trautem« Verein mit der ehemaligen Kläranlage. Es gelang in der Vergangenheit nicht, die beiden so nötigen wie gegensätzlichen Einrichtungen zu trennen. In einem zweiten Anlauf wurde Ende 1999 am jenseitigen Dornaer Muldenbogen der Bau des dringend nötigen Klärwerks begonnen.

Nach Bahren und zum Burgberg Döben

Über die Böhlschen Wiesen ist eine anspruchsvolle Wanderung nördlich Grimmas, zunächst nach **Böhlen** möglich, wo im ehemaligen Schloßgarten ein prächtiger Gingkobaum neben einer Blutbuche auffällt. Dort stand bis nach dem Kriege unversehrt das erst Ende des 19. Jahrhunderts erbaute Schloß. Als eines von vielen wurde es als »Symbol des Feudalismus« abgetragen, nur Torhaus und Ställe blieben übrig.

Bei der ehemaligen Gartenmühle liegt die **Klingenfurt**, wo noch nach dem Zweiten Weltkrieg eine Fähre nach Dorna hin übersetzte. Hier querte einst eine alte Salzstraße von Halle nach Böhmen die Mulde. Den frühen Übergang schützten in kaiserlichem Auftrag die Döbener Burggrafen, die dafür den Kluftberg in der **Loreley** (seit 1932 Gartenkolonie, die älteste unserer Region) nutzten. Der Berg dürfte einen Wachtturm getragen und in Sichtkontakt mit dem Döbener Burgberg gestanden haben.

Am Fuße des Leidenberges wurde 1797 die **Neumühle** erbaut, eine Flußmühle mit in der Höhe beweglichen Wasserrädern, sogenannten Pansterwerken, und einem einfachen Wehr aus Bruchsteinen – ein »Wildes Wehr«, das nach jedem Hochwasser neu zu legen war. Die Papierfabrik Golzern erwarb die Mühle 1881 und baute eine Holzschleiferei ein. Durch eine Seilbahn wurde der Transport von Holzschliff zur Papierfabrik zwei Jahre später vereinfacht. Das Hochwasser von 1954 zerstörte die Wasserkraftanlage, 1959 wurde das Wehr gesprengt. Der rote Ziegelbau wird durch die Wasserwirtschaft genutzt.

Vorüber am **Altteich** mit einer sehr romantischen Uferpartie geht es in Richtung Bahren. Am Ufer des Teichabflusses sind jungsteinzeitliche Funde gemacht worden. Der alte Ort **Bahren**, 1348 erstgenannt, ein Sackgassendorf mit ehemals herrschaftlicher Schäferei, wurde 1886 um die Wohnsiedlung **Kamerun** bereichert, eine Werkskolonie zu den auf der Mühleninsel entstehenden Industrieanlagen. Die damalige deutsche Kolonie Kamerun lag ja auch weit jenseits des Atlantiks, wie diese Siedlung jenseits der Mulde. Angefangen hat alles 1446, mit der Verlegung der Döbener Rittergutsmühle von Dorna an den heutigen Standort der **Golzernmühle**. Die Bauern aus 16 umliegenden Dörfern mußten über Jahrhunderte hin dort ihr Getreide mahlen lassen.

Im 19. Jahrhundert gab es hier eine Papiermühle (ab 1838), wie an vielen anderen Orten im Muldental auch. Schon 1862 ging aus ihr eine moderne Papierfabrik hervor. Mit ganzen Baugruppen dieser alten, langsam laufenden Maschinen vom Ende des 19. Jahrhunderts wurden noch in den letzten Jahrzehnten unterschiedliche Spezialpapiere gefertigt. Alle Maschinen sind nach 1992 demontiert und verschrottet worden. Die Wasserturbinenanlage aus den späten 1920er Jahren wurde herausgelöst, modernisiert und produziert elektrischen Strom, der in das allgemeine Netz eingespeist wird. Im großen Komplex der eindrucksvollen Industriearchitektur befindet sich heute ein leistungsfähiger papierverarbeitender Betrieb mit völlig neu installierter Technik.

Aus einer hier 1847 gegründeten Nagelschmiede entstand eine Maschinen-Bauanstalt, woraus nacheinander Maschinenbau AG Golzern–Grimma (1913) und Maschinenbau AG Grimma–Golzern wurden – die Wurzeln des Grimmaer Chemieanlagenbaues. Während des Ersten Weltkrieges waren in der leer stehenden Maschinenbau AG rund 6000 Kriegsgefangene untergebracht, die auf den umliegenden Dörfern, aber auch in Grimma arbeiten mußten. Für ihre Toten wurde der **Gefangenenfriedhof** am Hang angelegt, auf dem Russen wie Franzosen und Soldaten vom Balkan bestattet worden sind.

Aus einem weiten Umkreis von mehr als 15 km kamen Männer und Frauen täglich zur Arbeit in die Fabriken, seit dem Vorabend des Ersten Weltkrieges zunehmend mit Fahrrädern, um die längeren Wege zur Arbeit zu erleichtern. Seit 1900 gibt es eine 113 m lange **Straßenbrücke**, für deren Nutzung bis 1941 »Brückengeld« zu zahlen war. Diese Stahl-Segmentbogen-Brücke aus genieteten Teilen wurde 1994 abgetragen und mit zwei neuen Pfeilern im folgenden Jahr als eine viel breitere, aus Stahlbeton erbaute dem

Bahren
Fabrikantenvilla

Verkehr übergeben. Anstelle des ewigen Flickwerkes an der Brücke, die am 17.4.1945 gesprengt und bis 1947 wieder aufgebaut worden war, trat eine Lösung, die für lange gültig ist. Von ihr aus ist flußabwärts die Autobahnbrücke bei Nerchau im Verlaufe der heutigen A 14 zu sehen, die 1972 bis zum Autobahnanschluß bei Siebenlehn in Betrieb genommen wurde. Aus der reich bewaldeten Höhe über dem rechten Flußufer sticht die Feueresse bei Döben heraus, überragt vom einprägsamen Kirchturm dieses Ortes.

Die 1902 in der Kamerun-Siedlung eröffnete Privatschule bot ein ungleich höheres Niveau als die umliegenden Dorfschulen, in den 20er Jahren zudem Lehrmittelfreiheit für Kinder, deren Väter in der manchmal abfällig als »Papierbude« bezeichneten Fabrik arbeiteten. Für die Angestellten gab es in der »Prinzengrotte« Tennisplätze, dafür war ihnen anfangs die Mitgliedschaft im Konsum nicht gestattet. Im ganzen handelte die Fabrikantenfamilie Schroeder durchaus sozial und anders als mancher andere Unternehmer.

Gleich hinter der Brücke über »die« Teichmühlbach steigt ein steiler Wanderweg hoch zum Zettenwall, zunächst zur »kleinen Feueresse«. Hier fällt das Gelände jäh zum Fluß ab, die Pflanzengesellschaft Trockenrasen ist ausgeprägt, unschwer sind aber auch Frühlingsblüher und Maiglöckchen zu finden. Dann die eigentliche **Feueresse**, von der aus sich ein großartiger Blick auf die Mäander der Mulde öffnet. Säulenartig wurde ein geschwärzter Quarzporphyr abgesondert, der 50 m über dem Fluß steht und den Vergleich mit einer Esse herausfordert. Hier befand sich ein Kultplatz in Verbindung mit dem nahen **Zettenwall**, der eine Siedlungsfläche von der Größe der Grimmaer Altstadt einschließt. Mit 500 x 300 m ist der Zetten der größte Viereckwall Sachsens. Funde stammen aus der Bronze-, Slawen- und frühdeutschen Zeit.

Der Zettenwall stößt an die Ortslage **Döben**, den einstigen Burgward- und Burggrafensitz. Die **Kirche** ist ein weithin sichtbarer Bau, eine der weniger häufigen Chorturmkirchen mit romanischen Resten. Sie wurde gotisch überbaut und frühbarock ausgemalt. 1991 wurde die Bretterdecke des späten 17. Jahrhunderts restauriert. Die Schäden waren mit dem Beschuß am Ende des Weltkrieges entstanden. Im Chor von 1507 finden sich auch der figürliche, aus Porphyrtuff gearbeitete Stein eines Ritters mit Schwert und Schild aus dem 13. Jahrhundert und ein überlebensgroßer Kruzifixus vom Anfang des 16. Jahrhunderts mit einer Haarperücke. Unter dem Zellengewölbe des Chores steht ein manieristischer Altar von 1591. Er wurde vom Freiberger Meister Dittrich d.Ä. geschaffen und wird als wichtiges Werk der Spätrenaissance geschätzt, von der nicht viel in Sachsen zu finden ist.

Ein umfassender Blick belohnt den, der den Kirchturm besteigt. Zu Füßen liegt unterhalb des Kirchberges mit den Wohnhäusern der Gutsarbeiter das, was vom Schloß Döben nach wiederholten Sprengungen, zuletzt 1972, übrig geblieben ist. Die Gründe der heute unsinnig erscheinenden Zerstörung des intakten Gebäudes sind dieselben wie im Falle des Böhlener Rittergutes. Die Geschichte des Ortes geht weit

vor 1200 zurück und ist mit der bereits genannten wichtigen Klingenfurt bei Böhlen verbunden. Erste Erwähnung hat der befestigte Sitz 1181 mit »Conradus de Dewin« gefunden. Sieben Jahre später wurde in dieser Reichsburg der Meißner Markgraf Otto (der Reiche) wegen Erbstreit von seinem Ältesten festgesetzt, und erst auf Intervention Kaiser Barbarossas freigelassen. Unklar ist, wo die Burg lag: an der Stelle der Kirche oder da, wo seit dem 14. Jahrhundert das Schloß stand. Der letzte Schloßumbau erfolgte nach Plänen des Landesbaumeisters Moritz Haenel nach dem Brand 1857. Von der Ruinenkante gibt es eine schöne Aussicht auf das große Muldenknie. Stolle pries einst den Blick vom Schloßturm, dem »Luginsland« von Döben, als den schönsten in Sachsen.

Der viel zu große, dreieckige Dorfplatz kann auf den Versuch schließen lassen, hier im späten 12. Jahrhundert eine Stadt zu gründen. Dieser Ansatz ist wohl mit dem Übergang der Burggrafschaft Döben an die Wettiner im 13. Jahrhundert abgebrochen. Am Dorfplatz steht eins der beiden Döbener **Steinkreuze**.

Döben gehört zu den »Förderdörfern« im Rahmen des sächsischen Dorfentwicklungsprogrammes. Der 1999 neu gestaltete Dorfplatz ist dafür deutliches Zeichen. Die vielen Initiativen, die dem vorangingen, wurden durch den »Freundeskreis Dorf und Schloß Döben« ausgelöst und koordiniert, der 1998 auch eine Dorfbroschüre herausgab, die sich neben die vom Golzerner Lehrer Edwin Voigt 1927 erarbeitete Chronik »Döben-Golzern« stellen kann; Voigt konnte noch das im Schloß vorhandene Döbener Rittergutsarchiv zu Quellenstudien nutzen. Familie von Below initiiert viel im Ort, so jüngst die Ehrung des im einstigen Döbener Gasthof 1800 geborenen »Posaunengotts« Carl Traugott Queißer mit einer Gedenktafel; nicht zuletzt versucht sie das durch Nutzung zu retten, was an Wirtschaftsgebäuden vom Rittergut noch übrig ist.

Den Kirchberg Döben abwärts gelangen wir zum Hähnchenteich. Der Weg durch die **Meisensprüh**, den Platz, wo man bis ins letzte Jahrhundert hinein Vogelfallen stellte, ist reich an allen Frühlingsblühern und prächtig im Herbstlaub. Von der Holzecke an steigt der Weg leicht zum 194 m hohen **Galgenberg**. Dort stand das Döbener Hochgericht. Als Platz des Galgens wählte man möglichst einen solchen markanten Punkt an einem viel begangenen Weg. Neben der Abwechslung, die eine Hinrichtung in das Leben der damaligen Menschen brachte, diente sie zugleich der Abschreckung. Vom Galgenberg mit seinem anstehenden hellen Porphyr ergibt sich ein Rundblick im Radius von mehr als 30 km.

Wer will, kann von der Holzecke mit der geschützten Eiche auch gleich nach **Dorna** abbiegen und am »Hexenkessel« vorüber durch ein enges Gründchen den Ort erreichen. Links des Weges gibt es den Heidenberg, eine Latènezeit-Siedlung, wo die einzigartig schöne Dornaer Fibel gefunden worden ist – eine Nadel, die einst das Obergewand zusammenhielt. Sie stammt aus der frühen Eisenzeit, ist aber aus Bronze gegossen und ziseliert mit zwei ineinander verbissenen Schlangen.

Von Dorna aus ist der Weg durch die Aue ein wenig abenteuerlich und noch nicht markiert. Naturfreunde werden dabei aber reich belohnt. Am **Franzosenbad** nahe dem Gittermast gingen während des Ersten Weltkrieges französische Kriegsgefangene baden. Dort wuschen einst auch die Frauen und Mädchen, das Gesinde des Schlosses Döben, Wäsche im Fluß. Mit wenig Seife und fleißigem Rumpeln, noch mit dem traditionellen Klopfbrett, wurde der Schmutz aus der Wäsche herausgeschlagen, und anschließend trocknete und bleichte man die Wäsche auf den Wiesen.

Am jenseitigen Ufer sind bald die Porphyrklippen der Muldenberge zu erkennen. Weiter durch Felder und Wiesen wird die Schützenlache erreicht. Vorüber am **Unteren Bahnhof**, der 1877 für die Muldentalbahn errichtet worden ist und ihr bis 1969 diente, geht es über die Pöppelmann-Brücke in die Stadt zurück.

Von der »Gattersburg« nach Höfgen

Grimmas wichtigste Ausflugsroute geht von der Stadt aus nach Süden, mit dem Schiff von der Anlegestelle unterhalb der Gattersburg flußaufwärts zur Schiffmühle oder aber zu Fuß über die Hängebrücke und den Rabenstein hinweg in die rechte Muldenaue. Der Wiesenweg nach Höfgen ist der meistbegangene. In der »Lache«, einem Altwasser, blühen prächtige gelbe Seerosen (Mummeln), Graureiher, verschiedene Enten- und Greifvogelarten sind häufig zu beobachten. Seit in der Mulde wieder sauberes Wasser ist, wurden Fauna und Flora reicher. In der Wegmitte durch die breite, fruchtbare Aue wird der Ziegengrund überquert und wenig später die **Schiffmühle** erreicht. Die biedermeierliche Gaststätte wurde 1992 abgerissen und durch einen großen Hotelneubau ersetzt. Das »Batzenhäuschen« aus dem späten 18. Jahrhundert und das »Schweizerhaus« von 1911 sind erhalten geblieben. Der Name Schiffmühle kommt von einer im Fluß verankerten Mühle her, deren Wellbaum auf zwei Schiffen ruhte. Die kleine Getreidemühle von 1844 fiel bereits 1871 einem Schadfeuer bei Hochwasser zum Opfer. Die kulturell mehrfach engagierte »Gesellschaft für Landeskultur im Muldental e.V.« installierte eine Schiffmühle auf der Mulde, die eine Pumpe treibt und so Wasser aus dem Fluß in ein Reservoir hebt und einen Springbrunnen speist. Auch des kleinen Aussichtsturmes im Jutta-Park – nach der Gattin des Grimmaer Großmühlenbesitzers Gleisberg benannt – nahm sich die Gesellschaft an. Der Bauzeit folgend war es ein Bismarckturm. Nach seiner Erneuerung gestattet er wieder und zu jeder Jahreszeit einen schönen Blick auf das Muldental bei Grimma.

An der Mulde sehen wir unter einer mächtigen Linde, die seit alters beliebter Hausbaum war, das **Fährhaus Höfgen** liegen. Ein zweistöckiger Massivbau hatte 1924 den älteren Blockbau abgelöst, von dem noch der Backofen funktionsfähig vorhanden ist. Seit dem 13. Jahrhundert wird hier der Flußübergang von Nimbschen aus nach Höfgen vermittelt. Von der jenseitigen Fähreiche, die mehrere hundert Jahre alt

ist, läuft das Seil der Kahnfähre herüber. Schriftlich ist die Fähre erst seit 1638 durch einen Streit belegt. Brigitte Müller, Deutschlands einzige Fährfrau, leitete daraus 1988 eine 350-Jahr-Feier und ein Fährmannstreffen ab. Bis zum Ende ihres Dienstes übte sie ihren Beruf couragiert und mit viel Witz aus.

Vor dem Besucher liegt der kleine Ort **Höfgen**, der, 1275 erstgenannt, weniger als 50 Einwohner, aber ein Vielfaches an Gästen zählt. Seine Gehöfte lagern um den Kirchberg, ihre Rückfronten liegen abweisend zu den Muldewiesen. Was den Ort so attraktiv macht, ist der Komplex **Wassermühle** mit Museum und Gaststätte, seit Generationen im Besitz der »Müller- und Gastwirtsdynastie Ruhmer«. Die Wassermühle fand ihre Ersterwähnung im kursächsischen Mühlenverzeichnis von 1721, Bodenfunde aus dem Keller der Mühle stammen aus dem 15. Jahrhundert. Die alte Mühlentechnik wurde komplett überliefert: die feudale Steinmüllerei und die moderne Walzenmüllerei. Seit 1976 ist im Hause eine »technische Schauanlage mit musealer Einrichtung« installiert. Mit der Zeit wurde die Technik, so auch das oberschlächtige Wasserrad, funktionsfähig gemacht und der Verfall aufgehalten. Bei der Enge des Hauses fällt es schwer, sich vorzustellen, daß hier einmal drei Generationen unter einem Dach gelebt haben und auch Mahlgäste und Haustiere betreut wurden. Die Mühle wurde erst durch das Grimmaer Museum und bis 1999 durch den »Geschichts- und Altertumsverein zu Grimma e.V.« betrieben und betreut. Die anspruchsvollen kulturellen Traditionen, die im Laufe von 25 Jahren wuchsen, sollen fortgesetzt werden. Im erneuerten Backofen wird mehrmals in der warmen Jahreszeit Brot und Kuchen gebacken; jährlicher Höhepunkt ist immer das »Drachenfest« am letzten September-Sonnabend. Die niveauvollen Konzerte mit Musik der Vorklassik haben längst eine Tradition. Seit dem taktvollen und anspruchsvollen Umbau der Gaststätte »Zur Wassermühle« 1998 gestalteten sich die alten Beziehungen zwischen Mühle und Gaststätte neu.

Zum **Nachbargehöft** gibt es eine Schlippe. Solche schmalen Gassen forderte die »sächsische Dorffeuerordnung« von 1775 wieder nachdrücklich und setzte sie vorbildlich für Deutschland durch. Im Gehöft Finsterbusch fanden wiederholt Konzerte auf historischen Instrumenten statt. Dazu ist der blumenbestandene Hof, einer Shakespeare-Bühne gleich, wie geschaffen.

Gegenüber der Wassermühle steht ein großer **Vierseithof** mit einem Wohnhaus von 1716. Es wurde als ein Umgebindehaus erbaut, bei dem eine Stützkonstruktion das Fachwerkobergeschoß mit dekorativen »halben Männern« zur Aussteifung des Baues trägt. Darunter war eine hölzerne Blockstube eingebaut. Sie wurde 1809 durch einen Massivbau ersetzt. Ganz modern hingegen war 1849 die Scheune, in der das über zwei Tennen eingefahrene Getreide eingelagert wurde. Darüber steht ein Halbgeschoß, ein sogenannter »Drempel«.

Vor dem Wohnhaus von »Kanitzens Gut« am Dorfplatz liegt das gärtnerische Kleinod Höfgens, ein mit einem Eisenzaun umfriedeter Garten. Dort werden

die Beete von Buchsbaumhecken gefaßt, wie sie in älteren Barockgärten üblich waren. Auf die Bedürfnisse eines großen Bauern abgewandelt, stehen Blumen und Gemüse in dem **Bauerngarten** nebeneinander. Es fehlt auch nicht die Laube unterm Fliederbusch.

Das klassizistische Pfarrhaus wurde denkmalpflegerisch vorbildlich restauriert; unter dem Seitengebäude fanden sich bis in die Völkerwanderungszeit zurückreichende bauarchäologische Hinweise. Wie anderwärts in Höfgen bietet der Garten des Pfarrgutes eine einzigartige Sammlung alter Obstsorten. Der »Bund Naturschutz Deutschlands« betreut die Höfgener Streuobstwiesen und bietet naturreinen Apfelsaft aus heimischen Apfelsorten an.

Hinter dem Pfarrgut erhebt sich der Porphyrrücken mit der romanischen **Wehrkirche**. Sie wurde gotisch umgebaut und barock ausgestaltet. Jede Zeit hinterließ dort ihre Spuren: So gibt es einen frühromanischen Grabstein mit einer Ritzzeichnung – er gehört zu den ältesten in Sachsen –, die Türbeschläge mit den stilisierten Fischköpfen sind gotisch, ebenso der Triumphbogen und die Baumtruhe in der Sakristei, deren Schlußstein einen Kelch trägt. Aus dem späten 17. Jahrhundert stammen Beichtstuhl, Kanzel, Emporen, Altar, Leuchter wie auch eine flämische Krone, vom Anfang des 19. Jahrhunderts die kleine Orgel. Die datierende Inschrift hinter dem Altar kam bei der Restaurierung Mitte der 1980er Jahre zum Vorschein. Hier wurde konsequent das neue Prinzip verfolgt: Reinigung und Festigung, keine Retuschen.

Alles zusammen ergibt ein einzigartiges Dorfensemble in abwechslungsreicher Flußlandschaft mit vielfältigen historischen Bezügen. Am Ortsausgang in Richtung Schkortitz sind hangwärts Reste eines mittelalterlichen **Pestfriedhofs** zu finden. An der Höfgener Friedhofsmauer wurden im April 1945 vier »Volkssturmmänner« erschossen, weil sie den Wahnsinn des »Endsieges« nicht mitmachen wollten. Der Einsatz des Pfarrers Müller bewahrte damals das Dorf vor der Zerstörung durch Panzergranatbeschuß.

Über eine Asphaltstraße oder durch den Grund des Tannickenbaches kann der Nachbarort **Kaditzsch** erwandert werden. Mitten im Ort steht die Denkmalschmiede, sie ist Sitz der Gesellschaft für Landeskultur im Muldental e.V. Vor allem in der völlig umgestalteten Scheune mit Galeriecharakter des Vierkanters »Denkmalschmiede« werden anspruchsvolle und moderne kulturelle Programme geboten, die auswärtiges Publikum anziehen. Dazu gibt es eine differenzierte Gastronomie sowie ein Café und verschiedene Veranstaltungsreihen, außerdem Arbeitsmöglichkeiten für Künstler. Auch Kaditzsch ist ein »Förderdorf« im sächsischen Dorfentwicklungsprogramm und konnte 1999 sein Ortsbild entscheidend verbessert gestalten.

Über die Höhe hinweg geht der Weg nach Grimma zurück. Wer die Straße über Neunitz und die Hospitalschenke nicht laufen will, kann in der Senke zwischen Kaditzsch und Neunitz links durch die **Kaditzscher Schweiz**, ein stilles Tälchen mit kleinen Porphyrsäulen und naturnahem Laubmischwald, abbiegen. Unten geht dann der Weg am Ziegengrundbach wieder entlang, der einen ausgeprägten Auwaldcharakter hat, und führt über die Wiesen zurück nach Grimma.

Zur Klosterruine Nimbschen

Auf dem linken Muldenufer gibt es ebenso schöne Wanderungen Grimma flußaufwärts. Ab der Gattersburg kann man am Fuß des **Nimbschener Waldes** entlang gehen. Der Weg folgt der ehemaligen Promenade, die durch den »Kommerzienrat Schröder« finanziell gefördert und durch den Verschönerungsverein Grimma realisiert wurde. Der schattige Weg verläuft durch einen naturnahen Laubmischwald, wird aber durch die von **Grimma Süd** in die Aue herabkommende Straße unorganisch unterbrochen. In diesem jüngsten Wohngebiet der Stadt lebt etwa ein Drittel der Grimmaer, die meisten Bewohner waren im allmächtigen Chemieanlagenbaukombinat beschäftigt. In den letzten Jahren weitete sich der Stadtteil bis zum Rande des Nimbschener Waldes. Im einstigen Kombinat liefen seit 1990 viele Bemühungen, die großen Hallen durch kleine Betriebe oder zu Sport- und Freizeitanlagen umzunutzen, so gibt es dort eine Go-Kart-Bahn und eine ebenso populäre Eislaufhalle.

Der Nimbschener Wald birgt ca. 20 bronzezeitliche Grabhügel. Auf dem schattigen Weg mit Ausblicken in die Nimbschener Aue ist bald **Nimbschen** erreicht, was ebenso durch offenes Gelände und muldennäher auf dem Damm der ehemaligen Muldentalbahn, den sich Rad- und Kremserfahrer wie Wanderer teilen, möglich ist. Ziel ist so wie so das noch immer die Fantasie erregende Gemäuer der **Klosterruine**.

Aus Torgau sind Zisterzienserinnen über Grimma – erinnert sei an die Elisabethkapelle (siehe Seite 45) – hierher gekommen und siedelten um 1285 in einer noch zu kultivierenden Einöde, den Prinzipien des Ordens gemäß wassernah und stadtfern. Nach den Ordensvorschriften entstand ein Kloster, in dem bis zu 20 Nonnen mitsamt ihrer Schar von Novizen (Neuaufzunehmenden), Laienschwestern sowie landwirtschaftlichen Hilfskräften lebten. Sie waren so eingerichtet, daß sie sich weitgehendst selbst versorgen konnten. Viele Neuerungen der Landwirtschaft gehen auf die unermüdliche Arbeit dieser Frauen zurück. Als die Ideen der Lutherschen Reformation auch in das Kloster drangen, flohen mit Wittenberger Hilfe und durch einen vertrauenswürdigen Torgauer Bürger in der Osternacht 1523 insgesamt 12 Nonnen aus dem Kloster, von denen drei ebenso gefahrvoll zu ihren Familien zurückkehrten. Am übernächsten Tage kamen in Wittenberg neun entführte Nonnen an und lösten damit nicht nur das allgemeine »Auslaufen« aus den Nonnenklöstern aus, sondern zudem jahrelange, mit außerordentlicher Schärfe geführte Auseinandersetzungen. Alle wollten sie nicht länger »ihrem himmlischen Bräutigam« vermählt sein. Eine von ihnen war Katharina von Bora, die spätere Frau Luthers. Sie hatte in Nimbschen vorzüglich wirtschaften gelernt und wurde mitten in den Wirren des Bauernkrieges mit Luther getraut. Beide führten eine mustergültige Ehe und sind zu den Begründern des »evangelischen Pfarrhauses« geworden, das sich durch Haltung, Kultur und Tatkraft auszeichnet.

Im Erdgeschoß des Klosters befanden sich Kapitelsaal, Küche, Speisesaal (Refektorium), Wärmstube, darüber die Schlafzellen der Nonnen. Das Mauerwerk

der Ruine konnte 1997 dauerhaft gesichert werden. Ebenso begannen Arbeiten, die Umfassungsmauer in Ordnung zu bringen und teilweise wieder aufzumauern. Unterdessen sind auch Grundrisse der Kirche, des Kreuzganges und der anderen Gebäude so genau festgestellt, daß sie als Mauerwerk im Gras nachgebildet werden könnten, um das Aussehen des wohl berühmtesten Gebäudes der Stadt zu vergegenwärtigen. Seit zwei Jahren ist die Klosterruine Kulisse für Theaterinszenierungen der Schulen des Kreises. Die Gaststätte **Klosterschänke** war einst die Schmiede des Klosters, und der jetzt trockene Graben außerhalb der Klausur war der Mühlgraben.

Der gesamte Landbesitz des Klosters Nimbschen wurde verkauft oder zum Schulamt Grimma geschlagen, das von 1550 an bis 1853 zusammen mit dem Erbe des Klosters Buch die wirtschaftliche Grundlage der Landesschule wurde. Immer wieder, vor allem beim Neubau des **Gutes Nimbschen** von 1810, sind die Klostergebäude als Steinbruch genutzt worden. So blieb vom Klosterkomplex sehr wenig übrig.

Bewährt hat sich das einstige Lehrlingswohnheim, das seit den 1970er Jahren den Landwirtschafts-Lehrlingen als Hotel diente. Anfang der 90er Jahre wurde die ehemalige Hopfendarre des VEG Nimbschen zum Fitness-Zentrum gewandelt. Der linke Flügel des geräumigen Wirtschaftshofes des alten Klostergutes mit den einmaligen Schweifbohlendächern wurde 1998 zur Bowling-Bahn im Obergeschoß umgebaut. Dazu mußte der ganze Dachstuhl gewechselt werden, der aber äußerlich sein altes Bild wieder bekommen hat. Die hintere Scheune wurde zur geräumigen Kulturscheune, und im Gelände hinter dem Karree entstand 1999 ein weiterer, angepaßter Wirtschaftbau.

Bis zur **Fähreiche** kann der Weg auf dem alten Bahndamm weiter verfolgt werden. Für den, der den Anstieg scheut und den schöneren Weg nach Süden nicht an der Hangkante entlang geht, ergibt sich die Fortsetzung dieser Strecke am Muldenufer aufwärts. Der nicht hierher gehörige Fichtenwald wird durch gemischten Laubwald ersetzt. Schöne Rotbuchen gibt es und seit Jahren wieder Fraßspuren des Elbebibers direkt am Flußufer; der große Nager ist nachtaktiv. Alle heimischen Singvögel sind zu hören, Aufmerksame finden den seltenen Tüpfelfarn, geologisch Interessierte einen anderen Aufschluß des Porphyrs, nämlich Rochlitzer Porphyr. Auf erhöhtem Geländesporn steht der **Große Schaddelwall**, eine dreiteilige bronzezeitliche Anlage mit zwei Vorburgen. Unweit davon folgt der **Kleine Schaddelwall**, eine Ringwallanlage aus slawischer Zeit.

In die **Schaddelmühle** zog vor mehr als zwei Jahrzehnten eine vielseitig engagierte Künstlergemeinschaft ein. Sie entfernte aus der nach dem Zweiten Weltkrieg noch arbeitenden Mühle die Einbauten und richtete alles ein, was eine leistungsfähige Töpferei für Experimentierfreudige nötig hat. Keramik grüßt hier an allen Ecken des 1550 beurkundeten Mühlengrundstücks. Der Ort **Schaddel** liegt oben auf der Muldenterrasse. Das 1297 ersterwähnte Sackgassendorf ist heute Ortsteil von Großbothen.

Zur Muldenvereinigung

Auf dem Bahndamm weiter gelangt man schnell nach **Großbothen**. 1291 wurde erstmals ein »Pathin Theutonicum« genannt, das deutsche Straßendorf Großbothen, und 1300 »Windischbathyn«, das sorbische Rundlingsdorf Kleinbothen. Beide Orte unterstanden den Nimbschener Nonnen mit Abgaben und Leistungen, die sich dann 1550 in solche an die Landesschule wandelten. Man kam zum »Landesschulamt«.

Die **Kirche** des Dorfes fällt durch ihren hohen Dachreiter mit spitzem Kupferblechhelm auf. Durch archäologische Untersuchungen nach 1985 ergaben sich Aufschlüsse, daß der kleinere Vorgängerbau aus senkrecht gestellten Hölzern bestand. Romanische, schriftlose Grabsteine an der Außenwand der Kirche sind die ältesten Sachzeugen des Dorfes.

Großbothens Entwicklung in kleinstädtischer Richtung begann mit dem Bahnanschluß 1867, dem 1875 der Anschluß an die »Muldenthalbahn« folgte. Die Bahn ergänzte den Straßenverkehr auf der Chaussee

nach 1836. Folge war, daß sich um die vorige Jahrhundertwende Leipziger Wochenendsiedlungen an den Großbothener Hängen breit machten.

Die namhaftesten Zuzügler waren zwei der bedeutendsten Wissenschaftler, die im späten 19. und beginnenden 20. Jahrhundert an der Universität Leipzig gelehrt haben: Wilhelm Ostwald und Wilhelm Wundt. Ihre letzten Lebensjahre verbrachten sie in Großbothen. Der Physiko-Chemiker Ostwald war schon 1901 ganz nach Großbothen übergesiedelt und verband hier vielgestaltiges wissenschaftliches Arbeiten mit ausgeprägtem Familienleben und anspruchsvoller Geselligkeit, mit künstlerischen und gesellschaftlichen Neigungen. Er wurde 1909 Nobelpreisträger, wirkte im Monistenbund und in der Friedensbewegung, schuf die logischen Voraussetzungen für die Einführung des »DIN-Formates« und arbeitete an einer weltweiten Farbnormierung. Thermostat und Katalyse sind ohne ihn ebensowenig denkbar wie die vor einigen Jahren neu herausgegebenen »Ostwalds Klassiker der exakten Naturwissenschaften«. 1932 ist Ostwald 79jährig im **Haus Energie** verstorben. Seine Grabstelle bestimmte er im Steinbruch des Grundstücks.

Aus dem 1953 gegründeten Ostwald-Archiv ging die Ostwald-Gedenkstätte hervor, in der das Leben des Wissenschaftlers vorgestellt wird. In den letzten Jahren gewann das »Wilhelm-Ostwald-Archiv« mit der Galerie und Tagungsstätte an überörtlicher Ausstrahlung, vor allem durch anspruchsvolle naturwissenschaftliche Vorträge und Veranstaltungen, die ganz im Sinne des Nobelpreisträgers ablaufen.

Wie Ostwald hatte der Psychologe, Völkerkundler und Philosoph Wilhelm Wundt an der Leipziger Universität ein eigenes Institut bekommen und dort die Experimentelle Psychologie 1879 als Wissenschaft begründet. Erst 1919, schon 87jährig, erwarb er hier in der Grimmaer Straße 28 ein **Landhaus.** Beide Nobelpreisträger gingen in Großbothen miteinander spazieren. Eine Gedenktafel erinnert an den bereits im Folgejahr hier verstorbenen Wissenschaftler.

Über Kleinbothen kann der Weg nach **Kössern** eingeschlagen werden. Der Ort wird vom **Jagdschloß** dominiert. Es wurde wahrscheinlich vom Dresdner Zwingerbaumeister Matthäus Daniel Pöppelmann geplant, und der Besucher kann feststellen, daß sommers wie winters ein Fenster am Westgiebel offen steht und die Gardine herausweht, oder daß auf der Ansichtsseite eine Sonnenblume nie welk wird – alles illusionistische Täuschungen durch aufgemalte Fenster, um die Symmetrie der Fassade zu wahren. Das Jagdschloß besticht neben dieser großartigen Fassade durch die Stukkaturen im Obergeschoß. Der große Bau konnte gerettet werden, da sich die Einwohner des Ortes mit der Idee von Professor Manfred Berger, Autor auch des 1994 neuaufgelegten verdienstvollen Buches »Die Muldenthal-Eisenbahn«, identifizierten, das Denkmal zu erhalten und sinnvoll-modern zu nutzen. Daran wurde von 1966 bis 1973 intensiv gearbeitet, und nicht nur die örtliche Verwaltung zog in das alte Gebäude ein, es wurde auch eine weithin bekannte Kulturstätte, nun schon 20 Jahre.

Bauherr des Ganzen war um 1711 der kursächsische Oberhofjägermeister Wolff Dietrich von Erdmannsdorff, der 1718 das ungleich bescheidenere **Kavalierhaus** folgen ließ. Die Bevölkerung des Ortes wuchs damals in wenigen Jahrzehnten um ein Vielfaches – einmalig nicht nur für Sachsen. Der Schloßherr zog Handwerker hierher, für die er die 45 getypten Wohnhäuser auf dem einstigen Gemeindeanger bauen ließ.

Auf einem Sporn an der Mulde liegt das Kösserner **Rittergut**, dessen Herrenhaus Ende des 19. Jahrhunderts durch die von Abendroth im Neorenaissancestil umgebaut worden ist; ihrem Grimmaer Freihaus sind wir in der Paul-Gerhardt-Straße schon begegnet.

Ein lohnender Abstecher ist in den 1500 ha großen **Thümmlitzwald** möglich. Er ist kulturgeschichtlich ungewöhnlich reich, mit vielen Gedenksteinen verschiedener Bedeutung. Sein Fichtenbestand wird zur Zeit in Laubmischwald umgeforstet. Wer will, kann von hier über die Siedlung »Vierhäuser« bei Förstgen, über die »Steinklippen« und das Müncher Holz zurück nach Höfgen und Grimma.

Mit dem Fahrrad läßt sich der Grimmaer Ausflug bis **Sermuth** ausdehnen. Seit einigen Jahren bemüht sich die Sermuther Baufirma Richter, das malerisch gelegene **Schloß Kötteritzsch** durch Nutzen und Umnutzen bei wenigen Abbrüchen zu erhalten. Die Geschichte dieses Herrensitzes reicht bis ins 13. Jahrhundert zurück. Er wurde mehrfach umgebaut, zuletzt 1882/83 und erhielt dabei die Gestalt, die heute noch zu erahnen ist.

Bei Sermuth fließen beide Mulden zusammen, zur Vereinigten Mulde, wie sie – noch immer in felsigem Bett – den Raum um Grimma prägt. Die Freiberger Mulde entspringt jenseits des Erzgebirgskammes in Böhmen, indes die Zwickauer Mulde aus dem vogtländischen Musikwinkel kommt und heute wieder Wasser führt, in dem sich Fische aufhalten können.

Der Verfasser der mehrbändigen »Kursächsischen Streifzüge« Otto Eduard Schmidt beginnt hier flußab seine Wanderung »Muldenländisches« (1993 als selbständiges Bändchen vom Sax-Verlag herausgegeben) mit dem dichterischen Bekenntnis:

»Es gibt Stellen auf Erden, denen eine gewisse natürliche Heiligkeit anhaftet. Nicht mit Unrecht hat das Zeitalter der Romantik die schlanken, grauen, grün und golden umleuchteten Stämme des Buchenhochwaldes bei Tharandt den himmelanstrebenden Säulen einer gotischen Kirche verglichen und ›heilige Hallen‹ gennant. Auch die Orte, wo zwei Ströme zusammenfließen, um in gemeinsamem Laufe den allumfassenden Ozean zu suchen, haben etwas Weihevolles. Wer stünde nicht innerlich bewegt am ›Deutschen Eck‹ bei Koblenz, wo sich Rhein und Mosel vereinen, einem Ort, den schon die Römer durch Erbauung der Stadt ›ad confluentes‹ hervorgehoben haben. Weit bescheidener ist der Punkt, an den ich heute meine Wandergesellen in der sächsischen Heimat führen will, und doch ist er mir vor vielen anderen ehrwürdig, Groß-Sermuth, ein Dorf zwischen Colditz und Großbothen, bei dem die beiden Mulden, die Zwickauer und die Freiberger, zusammenfließen. Beide haben schon einen langen, reich gesegneten Lauf hinter sich, ehe sie zur Vereinigung schreiten ... und wenn sie sich endlich, fast an der Schwelle des Flachlandes die Hand reichen zum ewigen Bunde, so tun sie es ernst und würdevoll, wie wenn gereifte Leute, die das Ihrige geleistet haben und wissen, was sie wollen, an den Traualtar treten. Die Landspitze, wo es geschieht, trägt das Dorf Sermuth, in dem sich der Name des Gaues Serimund (Serimonde) erhalten hat. Groß-Sermuth ist ein gesegneter Winkel unseres Landes, voll höchster Gras- und Körnerfruchtbarkeit des Lößbodens an der Flußaue und voll sonnendurchglühten Obstsegens auf den sich zum Wasser absenkenden Hügellehnen ...«

Mit diesen Worten aus berufenem Munde eines Altvorderen, der die hiesige Landschaft zu Anfang des 20. Jahrhunderts als Mittfünfziger erwanderte und 90jährig im Dresdner Inferno zum 14. Februar 1945 endete, scheiden wir aus dem Grimmaer Muldental.

14,80

Unterwegs mit Sax-Führern

Heimatgeschichtliches, Naturräumliches wie Touristisches zum Leipziger Land und Muldenraum, broschiert, mit Plänen in den Umschlagklappen

Leipzig ostwärts – Parthendörfer, Steinbrüche, Autobahnseen *von Lutz Heydick, fotografiert von Werner Fiedler*, 1997, 18.– DM, ISBN 3–930076–47–0

Leipzig südwärts – Auf Spurensuche zwischen Markkleeberg und Borna *von Hans-Jürgen Ketzer/ Andreas Höhn*, 1999, 18.– DM, ISBN 3–930076–76–4

In der Elster-Luppe-Aue
von Agnes Berkemeier und Helmut Loose
1997, 12.80 DM, ISBN 3–930076–49–7

Bad Lausick – Die Kurstadt und ihre Umgebung
von Rudolf Priemer/fotografiert von Peter Franke
1997, 16.80 DM, ISBN 3–9802997–2–4

Pegau – Groitzsch. Wandern in der Elsteraue
von Tylo Peter, 1995, 12.– DM, ISBN 3–930076–19–5

Wanderungen in der Parthenaue
von Lutz Heydick/Bernd Hoffmann/fotografiert von W. Fiedler, 1994, 14.80 DM, ISBN 3–930076–05–5

Mit dem Wilden Robert durchs Oschatz–Mügelner Land *von Matthias Pleul*
1995, 14.80 DM, ISBN 3–930076–17–9

Colditz *von Rudolf Priemer und Wolfgang Stadler*
1993, 10.– DM, ISBN 3–9802997–7–5

Mutzschen – Wermsdorf *von Rudolf Priemer*
1994, 10.– DM, ISBN 3–930076–04–7

Bienitz – Burghausen, Dölzig, Rückmarsdorf
1998, 14.80 DM, ISBN 3–930076–70–5

Die Leipziger Passagen – Architektur von europäischem Rang *von Wolfgang Hocquél*
1999, 15.– DM, ISBN 3–930076–90–X

Sax-Verlag, An der Halde 12, 04824 Beucha